"足球百问"编委会 编著

（第2版）

奔跑吧！足球

足球知识100个应知道

浙江出版联合集团　浙江摄影出版社

目 录

奔跑吧！
足球
足球知识
100
个应知道

001 为什么说现代足球起源于英国？

古希腊和古罗马都有过类似足球活动的记载，包括中国也有蹴鞠这样的古代足球的记录。1066年，征服者威廉入侵英国，足球也随之传入了英伦三岛。

当时这项游戏没有规则可言，经常出现流血、断腿甚至丧命的事故。1314年，伦敦政府颁布规定，禁止居民踢球。1331年，英王爱德华三世颁布全国性禁令，取缔公众的足球活动，此后多代英王均禁止足球游戏，足球以不合法的身份在民间存在了500余年。

进入19世纪，足球运动开始恢复合法身份，并在英国的一些学院内广泛开展。那时的足球比赛没有统一的规则，比赛在长方形场地内进行，时间和参赛人数由双方临时商定，球踢到对方的门杆内算作得分。

在英国小镇阿什本，每年举办忏悔节足球赛是一项古老的传统，有数百年的历史，最早的文字记录见于1683年

TIPS 蹴鞠

足球最早起源于我国古代的一种球类游戏“蹴鞠”，众多的资料表明，中国古代足球的出现比欧洲更早，历史更为悠久。我国古代足球称为“蹴鞠”或“蹋鞠”，“蹴”和“蹋”都是踢的意思，“鞠”是球名。因此，2004年初，国际足联确认中国是足球的起源地。

中世纪时，足球运动就已经在欧洲十分流行了

英格兰足总杯是世界上历史最悠久的足球赛事

1863年10月26日，有关人士在伦敦女王大街的弗雷马森酒店聚会，并成立了世界上第一个足球协会——英格兰足球协会。会上除宣布足协正式成立外，还制订和通过了一部较为统一的足球竞赛规则。这部规则便是现代足球竞赛规则的雏形，它标志着现代足球的诞生。

英格兰人不仅创办了第一个足球协会，而且第一场国际比赛也是由他们组织的，那是在1872年11月30日进行的英格兰代表队和苏格兰代表队的比赛。英格兰足协的成立带动了欧洲和南美洲一些国家足球运动的蓬勃开展，各国也都陆续成立了自己的足球组织。这些发展，为创建国际足联提供了良好的基础，英格兰也就无可争议地被称为现代足球运动的鼻祖。

002 为什么足球这么有魅力？

足球作为世界第一运动，受到全世界数十亿人的关注和喜爱。足球的魅力究竟来自哪里呢？或许以下这些足球要素就是答案。

悬　念

对于足球比赛来说，尽管强者众多，但他们也免不了会阴沟里翻船，爆出一个个惊天大冷门。一支球队可以在全场比赛中围攻对手，在对手禁区里狂轰滥炸，但对方或许只需要一次偷袭成功就可以反转整场战局。并且比赛没有结束之前什么事情都可能会发生，悬念会一直留到最后裁判哨声响起，弱者不弱的足球比赛足以让最富想象力的观众大跌眼镜。

变　化

足球场的面积很大，一场比赛的时间也很长，个人能力再强大也无法控制全场或者一直保持高水平的发挥，这就需要团队配合，也给了足球战术极大的发挥空间。尽管有一些常见的足球阵形，但阵形内部前锋、中场、后卫之间又有队友组成的小组配合，实现无穷无尽的战术变化，这也令人着迷。

对　抗

足球的身体对抗很直接也很激烈，但和拳击或格斗相比，其乐趣不在对抗本身，而在于球员所具备的技战术素养都是在高强度对抗下表现出来的。对抗就是把“压力”这个无形的东西在球场上具象化了——大家都喜欢看别人是怎样在高压状态下保持优雅、精确、稳定和冷静的。

全天候

虽然足球受环境的影响很大，不同尺寸的场地、草皮也会有所区别，

但是，无论天气多么恶劣——狂风暴雨、冰雪飘摇，只要不是太严重，比赛都会正常举行。球员不仅要在各种环境下作战，甚至还要学会利用自然条件来帮助自己一方取胜。这种征服自然的感觉对一项体育运动来说尤为重要。

情 绪

生活中的所有情绪在足球场上几乎都可以找到，而且会瞬间转换多种情绪：大喜大悲、热血沸腾、彷徨无助、得意忘形……在现场和几万人分享感觉的经历不是一个人所能想象到的。并且由于足球的进球频率很低，每一个球员在进球前都酝酿了足够的情绪，群体的情绪会在进球的一刹那如火山般喷发，创造出喷涌而出的快乐感受。

劳尔·冈萨雷斯（西班牙）

003 FIFA是什么组织？

FIFA是国际足球联合会的法文缩写，我们一般简称它为国际足联。它的成立是为了促进国际足球运动的发展，维护各足球协会的友好关系。国际足联下设欧洲、亚洲、非洲、中北美及加勒比地区、南美洲、大洋洲六个地区性组织，其总部设在瑞士苏黎世，是国际单项体育联合会总会成员。国际足联负责组织国际重大足球赛事，其中最著名的就是国际足联世界杯。

20世纪初，足球运动在全世界开始流行。许多国家都相继成立了足球协会，这为创建国际性足球组织提供了基础。1904年5月21日，国际足球联合会成立于法国巴黎圣奥诺雷大街229号法国体育运动联盟驻地，创始成员包括法国、比利时、丹麦、荷兰、瑞典、瑞士的足球协会和西班牙皇家马德里俱乐部（代表西班牙）。德国也在当天发来电报，表示愿意加入。在随后召开的第一届国际足联大会上，法国人罗伯特·盖林被推选为第一任主席。当时他还非常年轻，只有28岁。此后，在盖林的领导下，国际足球联合会开展了大量艰苦的创建工作，建立了工作机构，吸纳了新会员，扩大自身的影响力，也帮助一些国家建立了足球协会。

1905年第二届国际足联大会上，现代足球的鼻祖英格兰足球协会宣布承认国际足联，并申请加入。苏格兰、威尔士、北爱尔兰的足球协会也相继效仿，同期加入的还有德国、奥地利、意大利和匈牙利等国。此后，国际足联经过100多年的发展，不断壮大。它将不同文化、不同信仰和不同背景的人们，通过足球运动紧紧地联系在一起。现在，国际足联已有会员209个，成为最具影响力的国际单项体育组织。

国际足联的最高权力机构是代表大会，每两年举行一次。国际足联主席由代表大会选出，任期4年。国际足联执委会是日常工作的领导机构，由主席、7名副主席、16名委员（包括秘书长及其副手）共24人组成。执委会中的副主席和执委由各大洲联合会根据名额选派。国际足联下设财务委员会、世界杯组委会、裁判委员会、运动员资格委员会、技术委员会、运动医务委员会等15个专业委员会。现任国际足联主席是瑞士人吉安尼·因凡蒂诺。

国际足联组织的赛事主要有：国际足联世界杯、国际足联女足世界杯、奥运会足球赛、20岁以下世界青年足球锦标赛、17岁以下世界少年足球锦标赛、国际足联联合会杯、国际足联世界俱乐部杯、室内5人制足球世界锦标赛等。

中国最早于20世纪30年代加入国际足联，1958年中国足球协会宣布退出国际足联。1980年7月7日，国际足联做出了关于恢复中国足球协会在国际足联中合法权利的决定，中国又回到了国际足球大家庭。

TIPS　历任国际足联主席

罗伯特·格林
法国，1904.5—1906.6

伍德福尔
英国，1906.4—1918.8

儒勒斯·雷米特
法国，1921.3—1954.6

罗道尔夫·威廉·西尔德赖尔
比利时，1954.6—1955.10

阿瑟·德鲁里
英国，1956.6—1961.3

斯坦利·劳斯
英国，1961.9—1974.6

若·阿维兰热
巴西，1974.6—1998.6

约瑟夫·布拉特
瑞士，1998.6—2015.6

现任主席：
吉安尼·因凡蒂诺（瑞士）

004 世界杯大赛是如何诞生的？

TIPS　世界足坛第一支梦之队

乌拉圭队在1924—1930年间连续获得过3个世界冠军，其中包括1924年和1928年奥运会足球冠军以及1930年世界杯冠军，乌拉圭队因此被誉为世界足坛第一支梦之队。

1921年，法国人雷米特当选国际足联主席，他提出了举办一项世界性的足球大赛的设想。但直到1924年的巴黎奥运会才出现所谓的国际大赛，各大洲球队有史以来第一次汇聚在一起。乌拉圭队战胜瑞士队的决赛吸引了5万多名观众到场观战，巴黎奥运足球比赛大获成功。从此，职业足球运动日益盛行，国际足联独立举办世界大赛的时机越来越成熟了。

1928年5月26日，国际足联代表大会在荷兰阿姆斯特丹通过决议，在1930年创办一项对所有会员开放的全新大赛。之后，每四年举办一次。国际足联成立20多年来终于有了自己的代表性赛事。

国际足联主席儒勒斯·雷米特（左二）将女神金杯颁发给乌拉圭足协主席保罗·裘德，根据国际足联的规定，乌拉圭队可以在未来的四年中称自己为“世界冠军”

1929年，国际足联决定把世界杯举办权交给乌拉圭，一方面这个南美国家是当时顶尖的足球强国，两次夺取奥运会足球金牌，另一方面恰逢乌拉圭独立百年大庆，政府承诺专门修建世界杯体育场，同时支付所有参赛队的旅费和食宿费，这对当时经济并不宽裕的国际足联格外具有吸引力。

首届世界杯赛不设预选赛，除东道主外，只有12支队伍受邀参加。由于经济大萧条的影响，再加之远隔重洋，大部分欧洲国家不愿派队参赛，最终在雷米特的斡旋下，法国、罗马尼亚、南斯拉夫和比利时成为仅有的4支欧洲参赛队，英格兰、意大利等欧洲足球强国均告缺席。虽然没有亚洲、非洲的队伍参赛，欧洲球队也寥寥无几，但世界杯在雷米特的大力推动下总算办起来了。

1930年乌拉圭世界杯因为有众多的第一次而显得特别。法国队的吕西安·洛朗，打进了世界杯历史上的第一个进球。1930年7月13日，在世界杯揭幕战中，法国队4：1击败墨西哥队。小个子的洛朗在第19分钟抢点首开纪录，当时，他还没有意识到这个进球的意义。“进球后我只是感到高兴，与队友们相互亲吻或者击掌庆祝，而后继续比赛，当时我甚至没有意识到这是世界杯历史上的第一个进球。”

这一届世界杯还是历史上唯一一届没有三四名决赛的世界杯，南斯拉夫队和美国队并列第三名。决赛则是在两支南美劲旅——乌拉圭队和阿根廷队之间进行。乌拉圭队虽然上半场1：2落后，但最终还是以4：2赢得了比赛，获得了首届世界杯冠军。

005 为什么说世界杯赛是最具影响力的足球赛事？

在国际足联举办的各类足球赛事中，最具影响力的当属国际足联世界杯足球赛。它是一项国际足联会员国（地区）代表队之间的国际比赛，每四年举办一次。世界杯是世界上最高荣誉、最高规格、最高竞技水平、最高知名度的足球比赛。它与奥运会并称为全球体育两大顶级赛事，其影响力和转播覆盖率甚至超过奥运会而成为全球最受欢迎的体育盛事。

首届世界杯赛于1930年在乌拉圭举办，至今已进行了20届。其间，1942年和1946年世界杯因第二次世界大战而被迫取消。在已举办的20届赛事中，共有8个国家获得过金杯。巴西队是唯一进入全部20届决赛圈的球队，共赢得5次冠军。意大利队和德国队获得过4次冠军，仅次于巴西。接着是乌拉圭队和阿根廷队，分别2次夺冠。英格兰队、法国队和西班牙队则各得过1次冠军。

在2018年的俄罗斯世界杯上，不知哪支劲旅能脱颖而出最终捧得“大力神杯”。

1930—2014年世界杯前四名

年份	举办国	冠军	亚军	季军	殿军
1930年	乌拉圭	乌拉圭	阿根廷	美国、南斯拉夫（并列第三）	
1934年	意大利	意大利	捷克斯洛伐克	德国	奥地利
1938年	法国	意大利	匈牙利	巴西	瑞典
1950年	巴西	乌拉圭	巴西	瑞典	西班牙
1954年	瑞士	联邦德国	匈牙利	奥地利	乌拉圭
1958年	瑞典	巴西	瑞典	法国	联邦德国
1962年	智利	巴西	捷克斯洛伐克	智利	南斯拉夫
1966年	英格兰	英格兰	联邦德国	葡萄牙	苏联
1970年	墨西哥	巴西	意大利	联邦德国	乌拉圭
1974年	联邦德国	联邦德国	荷兰	波兰	巴西
1978年	阿根廷	阿根廷	荷兰	巴西	意大利
1982年	西班牙	意大利	联邦德国	波兰	法国
1986年	墨西哥	阿根廷	联邦德国	法国	比利时
1990年	意大利	联邦德国	阿根廷	意大利	英格兰
1994年	美国	巴西	意大利	瑞典	保加利亚
1998年	法国	法国	巴西	克罗地亚	荷兰
2002年	日本、韩国	巴西	德国	土耳其	韩国
2006年	德国	意大利	法国	德国	葡萄牙
2010年	南非	西班牙	荷兰	德国	乌拉圭
2014年	巴西	德国	阿根廷	荷兰	巴西

TIPS　经典回顾

1994年7月17日，第15届世界杯决赛在美国洛杉矶玫瑰碗体育场进行，巴西队占据了比赛主动，但是意大利队的防守坚固异常。120分钟双方都没有进球，比赛只得通过互射点球来决出胜负，这也是世界杯历史上第一次通过互射点球方式决出冠军。意大利队的罗伯特·巴乔射失了关键一球，巴西队笑到了最后。

自1934年起，世界杯设立了预选赛。所有参赛队伍分别在六个大洲足球联合会（非洲足联、亚洲足联、欧洲足联、中北美及加勒比地区足联、南美洲足联和大洋洲足联）的监管下，各自组织世界杯预选赛，以争夺世界杯决赛圈的参赛资格。自1938年起，每届世界杯的主办国和上届冠军球队均无需参与预选赛便可自动获得决赛圈参赛名额。但在2002年世界杯之后，国际足联更改了这项政策，上届冠军也必须通过预选赛来取得决赛圈的参赛资格。因此，2002年世界杯冠军巴西队成为首支需要参加预选赛的卫冕冠军球队。

2014年巴西世界杯预选赛共有202个国家和地区的球队参加，共进行了818场赛事，产生了31个出线名额。巴西作为东道主，自动获得世界杯决赛圈的参赛资格。32支参赛球队一共进行了64场角逐，最终的决赛场上，德国队通过加时赛以1：0战胜阿根廷队夺得冠军。全世界有近10亿观众收看了这场比赛的转播，创下了近年来电视转播的收视纪录。

006 世界足坛还有哪些重大赛事？

2008年北京奥运会，梅西率阿根廷国奥队夺取了金牌

除了最受瞩目的世界杯大赛，世界足坛还定期举行一些其他重要赛事。

奥运会足球比赛隶属于国际奥委会系列比赛，1908年伦敦奥运会时被列为正式比赛项目。现在由各个国家的国奥队参加。

各大洲内的国家间比赛则以欧洲足球锦标赛的水平最高、影响最大。其他一些由国际足联举办的重要官方赛事包括：

国际足联联合会杯足球赛于1992年举行了首届赛事，此后每四年举办一届，参赛队伍包括六大洲的冠军球队、当届世界杯冠军及主办国共8支球队。

国际足联U20世界杯足球赛，也被叫作“世青赛”。世青赛于1977年举行了首届赛事，此后每两年举办一届，参赛球员的年龄不得超过20周岁。

世界俱乐部杯赛是由来自六大洲俱乐部赛冠军球队参与的国际性足球锦标赛。首届世俱杯于2000年1月在巴西举行，2013年首次出现中国球队——广州恒大，并获得了那届赛事的第四名。

国际足联女子世界杯足球赛于1991年在中国举行了首届赛事，此后每四年举办一届，是女子足坛规模最大、水准最高的赛事。

国际足联室内5人足球世界杯赛。5人制世界杯于1989年在荷兰举行了首届赛事，此后每四年举办一届。

007 雷米特杯被哪个国家永久拥有了？

1970年6月，贝利第四次参加世界杯，在决赛中表现出色，最终巴西队4：1战胜意大利队，第三次夺得世界杯冠军

“雷米特杯”曾经代表着世界足球的最高荣誉，它最初的名字就是世界杯，后来为了表彰前国际足联主席雷米特创立这项大赛的功绩，这座奖杯被命名为“雷米特杯”。按照规定，第一支三次赢得世界杯冠军的球队可以永久保留雷米特杯。1970年，巴西队做到了这一点。

1928年，在首届世界杯举办之前两年，国际足联规定世界杯的冠军将会获得一座冠军奖杯，奖杯将由法国雕刻家阿贝尔·拉夫勒负责完成。这座奖杯就是之后的“雷米特杯”。“雷米特杯”也被称作“女神杯”，是一座以八边形大理石底座托起的奖杯，主体是希腊传说中胜利女神尼凯的形象。尼凯身着长裙，展开她特有的翅膀，并用双手托举起一只大杯，象征着胜利和荣誉。奖杯由纯银制成，外面镶金，高35厘

TIPS 球星档案

德新社这样描述初出茅庐的贝利："当足球在瑞典的球场上开始滚动起来的时候，此前的一切都被抛诸脑后，观众惊奇地发现了一个短发的黑孩子有着超乎想象的球技。他的名字是——埃迪松·阿兰特斯·多纳西门托，但是，每个人都称呼他'贝利'，他注定要被加冕为'球王'。"

米，重约3.8千克，底座的四面各镶了一块金牌，用来铭刻冠军队的名字。1946年7月，国际足联在卢森堡举行的会议中，宣布将这个奖杯正式命名为"雷米特杯"，以纪念世界杯足球赛的始创者儒勒斯·雷米特。

第一位捧起"雷米特杯"的人是1930年的乌拉圭足协主席保罗·裘德。此后一共有5个国家和地区（乌拉圭、意大利、德国、巴西、英格兰）举起过"雷米特杯"，他们成了女神尼凯的宠儿。其中，巴西队分别在1958年、1962年和1970年3次夺得世界杯冠军，从而永久拥有了"雷米特杯"。

"雷米特杯"的命运颇为坎坷，充满了传奇色彩。"二战"期间，奖杯一度"失踪"——原来是当时的国际足联副主席巴拉西担心金杯落入纳粹占领军手中，将其藏在了自己床下的鞋盒里。1966年3月，英格兰世界杯开赛前，"雷米特杯"在伦敦西敏寺卫理中央大楼展出时失窃。一连六天，当地警方在全国搜寻"雷米特杯"的下落。正当人们遍寻无果、手足无措的时候，一只名叫皮克勒斯的小狗在伦敦南部的一处灌木丛中偶然发现了窃贼藏匿的金杯。狗的主人因此得到了500英镑的奖金，皮克勒斯也得到了一块肉骨头作为奖励。

1983年，已经被巴西永久拥有的"雷米特杯"第三次失踪——它在里约热内卢被偷走了。这一次，它没能幸运地再现，至今仍然下落不明。它究竟在哪里一直是个悬案，人们猜测，"雷米特杯"有可能已经被盗贼熔化出售了。巴西人得到了"雷米特杯"的永久保留权，却没能真正将它永久拥有。后来，为了平复国内球迷的失落和不满，巴西足协制作了一件复制品作为补偿。

008 为什么世界杯的奖杯被叫作“大力神杯”？

“大力神杯”是国际足联世界杯的奖杯，是足球界最高荣誉的象征，官方称之为“国际足联世界杯奖杯”。不过，人们根据奖杯两个运动员托举起地球的形象，习惯性地称它为“大力神杯”。世界杯赛从1930年至今共有过两座奖杯——“雷米特杯”和“大力神杯”。从第一届到第九届，使用的奖杯都是“雷米特杯”。1970年，巴西队成为第一支三夺世界杯冠军的球队，从此永久保留了“雷米特杯”。于是，国际足联需要制作一尊新的奖杯，用于1974年的世界杯赛。

1971年4月，由当时的国际足联主席斯坦利·劳斯领导的特别委员会从53份设计稿中，最终确定使用意大利艺术家西尔维奥·加扎尼加的奖杯设计方案，成就了今天的“大力神杯”。

“大力神杯”高36厘米，重约5千克，由18K黄金制成，底座镶有两圈墨绿色的孔雀石。关于奖杯的形象，设计者加扎尼加这样描述道：“线条从底座开始向上延展，以螺旋式的曲线上升，两名运动员的形象也随着浮现，他们向上伸展开身体，托举起整个地球，这是光辉和荣耀的象征。”

不过，和“雷米特杯”不同的是，“大力神杯”是流动性奖杯，没有球队能够永久保留它——从1974年起，国际足联会将“大

TIPS　经典回顾

1986年墨西哥世界杯，在经历了1982年的失意后，新球王马拉多纳大放异彩，以队长身份带队捧得“大力神杯”，他个人打进5球、助攻5次，成为该届大赛的最佳球员，还在和英格兰队的比赛中留下了“上帝之手”以及连过5人后进球的经典。

力神杯”颁给当届世界杯比赛的冠军队，但国际足联仍然保留“大力神杯”的所有权。每届冠军队可以保留“大力神杯”，直到下一届世界杯决赛。一般在决赛当日举行交还仪式，待决出新的王者，这座奖杯将传递到新的世界杯冠军队手中。作为补偿，每届冠军可以获得一尊“大力神杯”的复制品留念。

1974年，联邦德国队第一个获得了“大力神杯”。包括德国队在内，至今已有阿根廷队、意大利队、巴西队、法国队和西班牙队6个国家队捧起过它。从1974年起，冠军球队的名字就被刻在奖杯的底座上，那里的空间足够容纳直到2038年世界杯的所有冠军队名字。届时，刻满冠军名字的“大力神杯”是否退役尚不得而知。

009 谁是参加世界杯次数最多的球员？

马特乌斯（德国）

世界杯的精彩是毋庸置疑的，但是四年一次的等待也着实让球迷们心焦。其实，还有比球迷更着急的，那就是球员了。众所周知，球员的运动生命有限，所以，他们对四年一届的世界杯无比珍惜。通常，如果一名球员的足球生涯比较顺利的话，可以踢2至3届世界杯，但也有一些足坛“常青树”例外。

在世界杯历史上，参加届数最多的有两位球员，分别是德国的马特乌斯和墨西哥门将安东尼奥·卡巴哈尔。马特乌斯共参加了1982年至1998年的5届世界杯，共出场25次，总出场时间2089分钟，并打进过6球。安东尼奥·卡巴哈尔是墨西哥队的守门员，他参加了1950年至1966年的5届世界杯，但出场次数无法与

马特乌斯（德国）

保罗·马尔蒂尼（意大利）

马特乌斯相比。在世界杯赛场上出场次数居次席的是意大利著名后卫保罗·马尔蒂尼，他共参加了4届世界杯，出场23次。

马特乌斯成名很早，19岁即入选联邦德国国家队，并随队出赛赢得了1980年欧洲杯。他最辉煌的时刻是在1990年意大利世界杯，作为队长，他带领联邦德国队赢得了世界冠军。同时，他还获得了这届世界杯赛的“金球奖”和当年度国际足联的“世界足球先生”称号。

马特乌斯是一位足球全才，贝肯鲍尔曾赞扬他是世界上最好的球员之一。他可以轻松地踢好场上任何一个位置，不论进攻还是防守都堪称一流，是一位让教练和队友都放心的球员。他的脚法虽然称不上华丽，但控球能力很强，简单、实用，就像一台不知疲倦的高性能中场发动机。马特乌斯斗志顽强，更有一脚远射破门的本领。他高超的球技和出色的领导才能令德国足球在20年的时间里长盛不衰。年龄稍长后，马特乌斯转踢自由人位置，虽然体力下降，但球场上的阅历和经验弥补了他体能上的不足。2000年欧洲足球锦标赛他仍以39岁“高龄”出赛。在他退役前，一共为德国国家队出赛150场，攻入23个球。

TIPS 世界杯最大龄球员

阿尔伯特·罗杰·米拉，人称“米拉大叔”。他3次代表喀麦隆国家队出现在世界杯赛场上。1990年意大利世界杯上，38岁的米拉射入4球，帮助喀麦隆队打入8强。1994年美国世界杯，他以42岁39天的年龄刷新了参加世界杯年龄最大球员的纪录。

010 谁是赢得世界杯冠军最多的人？

巴西队得以在世界杯上实现两连冠，作为一名球员，扎加洛功不可没，他与右路的加林查组成当时的“魔鬼两翼”

球王贝利是唯一作为球员三次赢得世界杯冠军的人，不过还有一个人以不同身份曾经代表巴西七次出席世界杯，其中四届赢得了冠军，他就是传奇球星和教练——马里奥·扎加洛。扎加洛在1958年和1962年以球员身份捧杯，又在1970年作为主教练带领球队在世界杯上称雄。此后，扎加洛还在1994年作为助理教练一同捧起了“大力神杯”。他是世界杯历史上赢得冠军次数最多、最成功的人。

扎加洛生于1931年，1948年在美洲人队开始球员生涯。1953年起，他先后效力于弗拉门戈队、博塔弗戈队，拿到过5次巴西里约州联赛冠军。真正让扎加洛载入史册的还是世界杯的比赛，他在1958年和1962年两届大赛中扮演了重要角色。当时，扎加洛是一名左边锋，他和加林查一道组成了巴西队的双翼。在1958年世界杯击败瑞典队的决赛中，扎加洛打进1球，并助攻贝利破门，帮助巴西队首捧世界杯。1962年，扎加洛仍是巴西队的主力，他在同墨西哥队的比赛中打进1球，并最终随同巴西队再次捧杯。1965年，扎加洛挂靴退役。不过几年之后，他又出现在世界杯赛场上，只是这一次他的身份变成了主教练。

1970年，世界杯开赛前几周，扎加洛临危受命，作为主教练率领巴西队征战世界杯，当时的巴西足协主席阿维兰热指定扎加洛接掌帅印时，他甚至还没有教练证书。但事实证明阿维兰热的选择是正确的。在

1970年，扎加洛率领巴西队第三次捧起女神金杯，从而成为史上第一位作为球员和教练都获得过世界杯的人

这届世界杯赛上，扎加洛首创了“3-5-2”阵形，科罗多阿尔多与皮亚萨成为两名边路自由人——退守时是边后卫，进攻时则是边锋！世界足坛见证了这种新阵形的诞生。最终，扎加洛成功了，他率队永久占有了“雷米特杯”，也成为第一位以球员和教练不同身份捧起世界杯的人。

1974年世界杯，巴西队输给了克鲁伊夫领衔的荷兰队，未能进入决赛。之后，作为主教练的扎加洛离开了巴西队帅位。1994年世界杯，扎加洛作为主教练佩雷拉的助手（技术指导）随巴西队再次捧杯，完成了四夺世界杯的壮举。1998年，扎加洛重新出山，再次作为主教练率队征战法国世界杯，最终在决赛中输给东道主获得亚军。在2006年世界杯上，这位充满传奇色彩的74岁老人再次作为巴西队助理教练参赛。

罗纳尔多曾这样评价扎加洛：“他是那个时代巴西最伟大的球员之一，同时作为教练，他也在巴西足球历史上留下了永久的印记。”

011 谁是世界杯历史上的得分王？

德国队前锋克洛泽连续四次征战世界杯，是世界杯历史上唯一一位连续帮助球队四次打入世界杯四强的球员。更值得一提的是，他还以16粒的进球数成为世界杯历史上进球最多的球员。

2014年7月9日，巴西队与德国队的世界杯半决赛或许注定是诞生英雄的舞台，而这其中最令人关注的无疑是德国队的超级射手克洛泽。在此前他已经追平了罗纳尔多在世界杯上的进球纪录——15个进球。比赛第23分钟，德国队前场策动攻势，克洛泽禁区内接到穆勒的回传球射门，球被门将塞萨尔扑出，克洛泽随即快速补射，终于攻破了巴西队的大门。这个进球让克洛泽以16球超越罗纳尔多的15球成为世界杯历史上的第一射手，罗纳尔多只能无奈地接受屈居世界杯得分王次席的现实。2006年，罗纳尔多在德国把自己在世界杯上的进球数定格在15个，取得这一成就，他用了4届世界杯、19场比

克洛泽（德国）

罗纳尔多（巴西）

赛。2014年，克洛泽超越了罗纳尔多，他用了4届世界杯、23场比赛。颇为有趣的是，克洛泽是在与巴西队的比赛中实现这一超越的，这对于罗纳尔多而言无疑更显苦涩了。

盖德·穆勒（德国）

在克洛泽的16个世界杯决赛圈进球中，没有点球的得分，可谓个个“货真价实”。其中，7个是头球破门，这又使他成为世界杯历史上头球得分最多的球员。同时，克洛泽还是目前为止唯一一位连续三届世界杯进球都达到4球以上的球员（2002年5球、2006年5球、2010年4球）。

克洛泽的前辈，德国的盖德·穆勒排在世界杯得分王第三位，他在两届赛事中共打进了14球。法国的传奇射手朱斯特·方丹在1958年瑞典世界杯赛上6场比赛打进13球，成为第一个在世界杯每场比赛中都有进球的人，同时也是单届世界杯进球最多的球员。这一纪录至今无人能破。

朱斯特·方丹（法国）

012 为什么说1950年世界杯赛是没有决赛的世界杯？

1950年，第二次世界大战后的首次世界杯大赛在巴西举行。为此，东道主专门修建了全世界最大的足球场——马拉卡纳体育场。球迷们希望巴西队能在这个无与伦比的舞台上夺得他们的第一座世界杯金杯。

第一阶段小组赛后，巴西队、乌拉圭队、西班牙队和瑞典队晋级4强。本届世界杯的赛制比较特殊，4支球队通过单循环比赛，以积分高低决定最后冠军和名次。由于采用了这一赛制，本届大赛也成为历史上唯一一届没有真正决赛的世界杯。

东道主巴西队在循环赛前两轮发挥出色，7：1狂胜瑞典队，6：1大胜西班牙队。7月16日，最后一轮比赛，巴西队同乌拉圭队交锋，这实际上成为决定冠军归属的“决赛”。此前乌拉圭队1胜1平，巴西队只要战平就可夺冠。赛前巴西人表现得十分自信，圣保罗《体育报》头版标题为：“明天我们将痛击乌拉圭队！”里约热内卢市长甚至在开球前就迫不及待地宣布巴西为世界冠军。

TIPS 经典回顾

乌拉圭队长奥布杜利奥·巴雷拉从国际足联主席雷米特手中接过金杯。之前的决赛中，乌拉圭队在先失一球的情况下，凭借斯基亚维奥和吉贾的入球2：1逆转，夺得冠军。这场失利被巴西人看作是足球史上最刻骨铭心的悲剧，史称“马拉卡纳打击”。

打入制胜一球的吉贾事后回忆说：“在我进球之后，整个马拉卡纳体育场死一般的沉寂，真的很安静，完全没有一点声音，只听得到我们进球之后的狂喊和欢呼。”

比赛当天，近20万球迷涌入马拉卡纳体育场，没有人认为比赛会有其他结果。但是，不可思议的一幕发生了，乌拉圭队最终以2：1逆转、爆冷抢走了冠军，巴西队功败垂成。巴西球迷无法相信眼前所发生的事实，甚至有人为此开枪自杀。

这时，有一位少年看见父亲正在为巴西队失去金杯而伤心痛哭，便安慰道：“别担心，总有一天我会把它拿回来的。”这位少年正是后来的球王——贝利。8年之后，17岁的贝利代表巴西队参加了瑞典世界杯大赛，并在决赛中表现出色，打入了2粒精彩入球，与巴西队其他球员一起捧回了雷米特金杯。

1958年，17岁的贝利在第一次参加世界杯大赛夺冠后，喜极而泣

013 中国足球职业联赛是什么时候开始的？

张琳芃（中国）

正式的中国足球职业联赛启动于1994年，当时被称为甲A联赛。甲A联赛的前身则是在1987年创建的，当年正值第六届全运会召开，以及中国国家队冲击奥运会足球决赛圈比赛，中国足协藉此机会进行了一系列的改革，开始试行将当年的甲级联赛分为两组，即甲级A组（甲A）和甲级B组（甲B）进行。1987年的甲A联赛采取赛会双循环制进行，没有降级制度。到了1994年，中国足球全面推行俱乐部制，首届职业联赛有12支球队参赛，采取主客场双循环赛制，这开启了中国足球联赛的职业化制度。1994年至2000年间，甲A联赛最终年度排名最后两位者降级至甲B联赛，而甲B联赛的前两名则升入甲A联赛。2001年至2002年，为备战世界杯，中国足协暂时取消了当年的职业联赛升降级制度。

2004年，中国足球协会仿照英格兰足球超级联赛，正式推出了“中国足球超

中超联赛历年冠亚季军

年份	冠军	亚军	季军
2004年	深圳健力宝	山东鲁能泰山	上海国际
2005年	大连实德	上海申花	山东鲁能泰山
2006年	山东鲁能泰山	上海申花	北京国安
2007年	长春亚泰	北京国安	山东鲁能泰山
2008年	山东鲁能泰山	上海申花	北京国安
2009年	北京国安	长春亚泰	河南建业
2010年	山东鲁能泰山	天津泰达	上海申花
2011年	广州恒大	北京国安	辽宁宏运
2012年	广州恒大	江苏舜天	北京国安
2013年	广州恒大	山东鲁能泰山	北京国安
2014年	广州恒大	北京国安	广州富力
2015年	广州恒大	上海上港	山东鲁能泰山
2016年	广州恒大	江苏苏宁	上海上港
2017年	广州恒大	上海上港	天津权健

级联赛”品牌，将原来的甲A联赛改制为中国足球超级联赛，甲A联赛时代宣告结束。职业化十年的甲A联赛过程中，大连实德（大连万达）队获得过七次冠军，上海申花队获得过两次冠军，山东鲁能队获得过一次冠军。在历年的中超联赛中，则是广州恒大队一枝独秀，蝉联七届冠军。

目前，按照比赛的等级水平，中国足球联赛从高到低依次分为中超联赛、中甲联赛、中乙联赛等。

014 为什么说米卢是中国最成功的外籍教练？

郝海东是2002年进军韩日世界杯决赛圈这支中国队阵中的主力前锋

对于米卢在中国的成绩，用一句话就可以说明——带领中国男足第一次打进了世界杯决赛圈。

中国足协在2000年找来米卢执教中国男足。十强赛分组抽签，中国队幸运地避开沙特队、伊朗队，与阿联酋队、乌兹别克斯坦队、卡塔尔队和阿曼队同分在B组，抽得一支“上上签”。2001年8月25日，中国队迎来十强赛第一个对手阿联酋队。米卢精心策划的变阵收到了奇效，两名原来的替补李霄鹏和祁宏在比赛中各入一球。最终，中国队3∶0完胜，取得了一个令人振奋的开局。此战过后，中国球迷开始感觉到了米卢的“神奇”。之后，客场挑战阿曼队。开局不久，马来西亚裁判就送给阿曼人一个点球，但江津竟然神奇地将那个点球扑出！下半场，祁宏、范志毅连入两球，2∶0。

TIPS 神奇教练米卢

米卢的全名是博拉·米卢蒂诺维奇。1944年9月7日出生于南斯拉夫的巴斯塔，现已加入墨西哥国籍。1983年，米卢担任墨西哥国家队主教练，并在1986年世界杯大赛上率领墨西哥队首次打入8强。1989年10月，米卢担任哥斯达黎加队主教练，在次年的意大利世界杯上又率领这支几乎全部由业余球员组成的队伍创造了进军16强的神话。1994年，米卢又率领美国队首次进军世界杯16强。1998年法国世界杯，米卢率领的尼日利亚队也成功打入了16强。至此，他成为世界足球史上唯一一位连续四届率领不同的国家队进入世界杯16强的“神奇教练”。

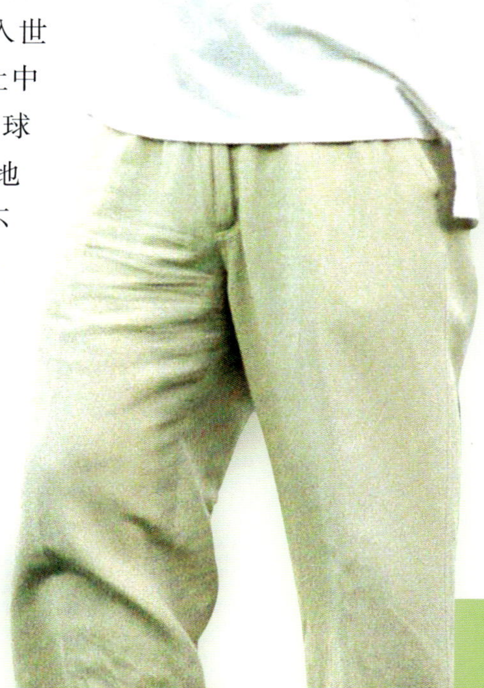

第三场客场对阵卡塔尔队，终场前第89分钟，凭借李玮峰的头球破门，中国队1：1战平了给我们留下过多次创伤的对手。此后，中国队越打越顺，连战连捷。

2001年10月7日，沈阳五里河体育场，中国队1：0战胜阿曼队，提前两轮锁定出线。米卢创造了历史，帮助中国国家队圆了44年的世界杯之梦——进军世界杯决赛圈。

在此之前，米卢的“快乐足球”理念、他对拍广告的兴趣引起了众多的非议。其中也不乏言辞尖锐的说法，最激烈的抨击是把他称为“国际江湖骗子”。但米卢带领中国队闯入世界杯决赛圈，使得这些批评烟消云散，也让中国球迷沉浸在出线喜悦之中。此后，狂热的球迷把米卢奉若神明，视他为英雄，不可避免地神化了他，对他的赞扬也有些言过其实。不过，就带队成绩而言，他的确是目前为止最成功的中国足球外籍主教练。

如今，中国国家队又迎来了新任外籍教练、意大利人马尔切洛·里皮。在他的率领下，中国国家队能否在不久的将来创造出更加辉煌的战绩？让我们拭目以待。

015 中国足球拿过亚洲赛事的冠军吗？

20世纪初，中国男足拿过真正的亚洲冠军，那段辉煌开始于1915年。从那年开始，一直到1934年，中国足球队在连续参加的10届远东运动会足球比赛中，9次夺得冠军。除了远东运动会的九连冠外，中国队还于1936年、1948年两次参加了奥运会足球比赛。那时的中国足球在亚洲是当之无愧的霸主。

李惠堂是中国第一代现代足球先驱中的杰出代表，他个人就参加过4届远东运动会，并4次获得足球冠军。他以顽强的拼搏精神、高超的球艺，赢得了“亚洲球王”称号。

在亚洲女足比赛中，中国队曾经是绝对的霸主，中国女足连续获得1986年、1989年、1991年、1993年、1995年、1997年和1999年7届女足亚锦赛冠军。此外还获得了2006年女足亚洲杯冠军。

在亚洲青年足球锦标赛中，中国青年队于1984年夺得过1次冠军，并在世青赛上打入8强，创造了历史最好成绩。2004年，中国少年队获得第11届亚洲少年足球锦标赛冠军。

在俱乐部比赛中，广州恒大队夺得了2013年、2015年亚洲足球俱乐部冠军联赛冠军。而在1989年，亚冠联赛的前身亚俱杯赛中，辽宁足球队（辽宁东药）夺得过冠军。

016 施拉普纳是国足第一位外籍主教练吗？

中国国家足球队的第一位外籍主教练并不是人们所熟悉的施拉普纳，而是匈牙利人阿姆别尔·约瑟夫。

克劳斯·施拉普纳

1954年，中国为了迅速提高足球水平，决定派遣一支队伍赴匈牙利学习。当时匈牙利是世界顶级强队，夺得了第五届世界杯的亚军。这支远赴欧洲留学的中国队共有25名球员，其中就有张宏根、年维泗、陈成达、曾雪麟等。当时这支国家队的主帅正是匈牙利人阿姆别尔·约瑟夫。

德国人克劳斯·施拉普纳曾入选过德国年度十佳教练。他是改革开放以来第一位担任中国国家队主教练的外国人。

1989年，世界杯外围赛的再次失利让中国足协开始将选帅的目光投向外籍教练。曾经在德国乙级职业联赛踢球的原国家队著名球员古广明向足协推荐了施拉普纳。同时，上海大众汽车公司又鼎力相助，促使了老纳的中国之行。此事在德国引起的轰动丝毫不亚于他在中国受到的关注，施拉普纳后来回忆说："所有的德国报纸都在头版头条写着——'施拉普纳成为中国国家队的主教练'。"

刚刚走马上任时，施拉普纳被中国球迷寄予了很高的期望，可以说相当风光，他的头发还成了当年春晚相声中的"拍卖品"。1992年，他带领中国队打进亚洲杯半决赛，但是次年却兵败伊尔比德，未能帮助球队取得1994年世界杯决赛圈的参赛资格。

离开中国之后，施拉普纳一直担任着足球经纪人，并促成了多位中国球员转会德国球队的交易。不可否认，在促进中国球员"走出去"这件事上，施拉普纳的确起到了非常大的作用。

017 中国足球史上最伟大的球员是谁？

李惠堂，堪称中国足球史上最伟大的球员，被当时的广大球迷们赞誉为“亚洲球王”。

1922年，年仅17岁的李惠堂被选入香港南华队，出任主力前锋。他身高1.82米，速度快，动作敏捷，控球技术尤为出色。球在他的脚下，对方两三个人围上去也难以抢走。他的射门技术精湛，能左右开弓，球出如矢，力拔千钧。

1923年5月，18岁的李惠堂第一次代表中国足球队参加在日本大阪举行的第六届远东运动会，并初露锋芒，帮助中国队以5∶1大胜东道主日本队，获得冠军。1925年，正值足球技艺巅峰期的李惠堂来到上海，加盟上海乐华足球队，战绩显赫。其间，李惠堂率乐华足球队在“史考托杯”足球赛中，以4∶1的悬殊比分大胜蝉联杯赛九届冠军的英国猎克斯队，首开上海华人足球队击败外国球队的记录，从此威望大振。

李惠堂自1923年入选中国代表队后，分别于1923、1925、1930、1934年参加了第六届、第七届、第九届和第十届远东运动会足球赛，4次都为中国队夺得冠军。由于当时的国民党政府财力困难，根本无暇顾及体育事业。1936年，李惠堂和球队一起自筹资金前往柏林，参加奥运会足球赛。他们提前两个多月出发，靠沿途打比赛的门票收入贴补旅费。在沿途进行的27场比赛中，中国队取得了23胜4平的不败战绩。他们一路风尘仆仆、省吃俭用，待赶到奥运赛场，已是精疲力竭。首轮0∶2负于英国队，遗憾地遭到淘汰。

抗日战争期间，香港沦陷。李惠堂不愿为汪伪政权效劳，于1941年辗转回到内地。他组建球队，先后在重庆、成都、自贡等地参与表演赛和义赛130余场，筹集款项，救济难民，全力支持抗日救国。

1947年，45岁的李惠堂在香港宣布挂靴。此后，他于1954年当选亚洲足球联合会秘书长。1965年，他又被推选为国际足联副主席，成为有史以来在国际足联获得最高职位的中国人。

1979年7月，亚洲一代球王李惠堂因病在香港去世，享年74岁。

018 球门为什么会有球网?

在19世纪中叶以前，足球门是没有网的，只有两根直立的木柱，后来上面又加了一根横木。这样的球门，裁判员要判断一次射门是否得分实在太难了。因为运动员的一次劲射，球速可达每小时80千米以上。球以这样快的速度在门框旁边飞过，恰如“白驹过隙”，确实很难判断球到底是从球门里进去的还是从球门外飞出的。因而经常引起许多球迷和球员的意见分歧，有时甚至相互殴斗，造成流血事件。

一次，英国利物浦城内某一渔具制造厂的老板格林·鲍尔斯去观看足球赛，场上就发生了一起这样的纠纷。在满场的哄闹声中，鲍尔斯灵机一动，建议把渔网挂在球门上，这样踢进去的球会被渔网兜住，就不会因为进球与否而发生争执了。他急忙跑回厂里，用马车拉来了两张渔网，并把渔网挂在双方的球门架上，果然非常管用。不久，利物浦城的所有足球门上都挂了渔网，鲍尔斯渔具厂还获得了制造足球球门网的专利权。1891年英格兰足协正式批准了球门挂网，这个规定一直沿用至今。

现在的球门网已成为体育专用器材，多用强度更大的锦纶或尼龙线纺织而成，制作越来越标准，材料也越来越讲究了。

019 为什么一场比赛是90分钟，每队11个人？

我们知道，对于一场正规的足球比赛来说，标准的比赛时间是90分钟，每支队伍允许上场的人数是11个人，为什么会有这样的规定呢？

要解答这个问题，得回到现代足球起源初期的英国。19世纪中后期，足球运动在英国蓬勃发展，在这个过程中，学校扮演了重要的角色，足球运动的发展与学校体育运动的开展密不可分。那时，学生往往都是住校的，一间学生宿舍可容纳的人数是十几个。学校为了鼓励学生锻炼身体，提高身体素质，经常举行一些宿舍间的足球比赛，上场的人数就是整个宿舍的人数。慢慢地，为了平衡不同宿舍之间的人数差异，学校开始规定场上奔跑的球员为10人，再加上守门员，于是一支队伍就有了11个人的设置。同时，为了避免某些学生因为学业或考试无法上场而影响比赛，又规定了如果一支队伍的人数少于7人则自动告负。

至于为什么一场比赛是90分钟，这和当时学校课程的设置有关。要

早期英国学校的宿舍一般能容纳十几名学生

知道，在那时，学校里一堂课的时间和现在一样，都是45分钟，因此，一般一场学校内足球比赛就是一堂体育课，会踢45分钟。不过，由于整体足球规则在学校间尚未统一，各个学校尽管大体规则一致，但在一些细节上还是有一定区别的——例如剑桥学校的规则里就有关于越位的规定，而谢菲尔德学校的规则里则没有越位。遇到学校之间的足球比赛时，两支队伍会商议确定举行上、下半场的比赛，每个半场使用一方学校的规则。渐渐地，这也成了足球比赛约定俗成的规则。而两个半场之间10分钟或15分钟的休息时间，也和学校的课间休息时间一致。

所以说，现代足球的发展与学校体育运动的发展密不可分，这些人数和时间的规定也随着足球运动的传播和发展，逐渐成为现代足球的规则。

020 为什么足球场中间有一个圈？

在了解这个“圈”之前，我们先来看看标准的足球场是怎么样的。

根据国际足联的规定，举行赛事的足球场地，长度应该在90米至120米之间，宽度则应为45米至90米之间。举行国际性赛事的足球场地，长度应该在100米至110米之间，宽度则应为64米至75米之间。世界杯比赛场地统一规定为长105米，宽68米。场地应为长方形，较长的边界为边线，较短的则为底线。

中线则把足球场分为两半。在中线的中间，是整个球场的中心点，并有中圈（半径9.15米，即10码）围绕中心点。在比赛的上、下半场开始时，或者有一方进球后，双方都要回到中心点重新开始比赛。

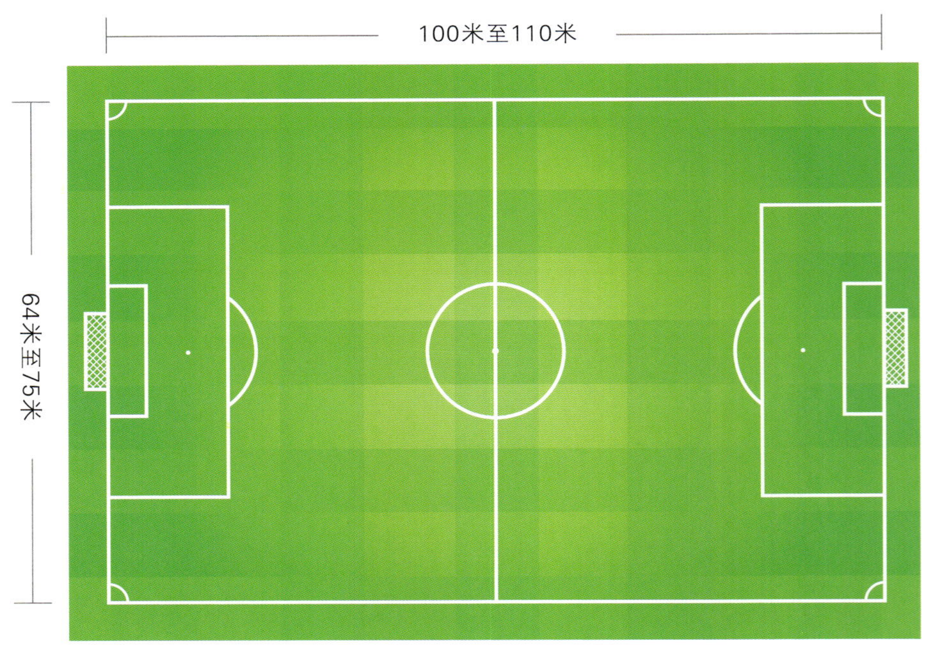

国际比赛标准足球场

TIPS 现场观众最多的一场比赛

位于巴西里约热内卢的马拉卡纳体育场一直被人们公认为世界上规模最大的足球场。它可容纳20.5万人，有15.5万个座位。在1950年第四届世界杯巴西和乌拉圭的冠军争夺战中，购票观众达19.9万人，而实际观战人数据说达到25万人。迄今为止，这一惊人纪录为全球之最。

为什么中圈的半径是9.15米呢？因为在国际足联的规定中有一个“10码原则”，也就是说，在开球时，除了两名开球球员外，其他球员必须距离球至少10码的距离，否则就是干扰比赛。10码换算成公制单位，即为9.15米。为了方便裁判判断这个10码的距离，就以中心点为圆心画了一个圈，形成中圈。

此外，根据最新版的国际足联官方规定，可以由开球球员直接攻门，不需要别的球员像间接任意球那样帮助开球。

021 为什么禁区有大小之分？

在足球比赛中，禁区分为大禁区和小禁区，如果守方在自己的禁区内犯规可能会被判罚点球，这也是足球比赛中最具杀伤力的罚球。

小禁区又叫作“球门区”。在比赛场地距球门内侧5.5米处与端线平行的线上，向场内各引一条与端线垂直的线，其一端与端线相接，另一端点相互连接，这三条线的范围就是俗称的小禁区了。小禁区又被称作“守门员禁区”，主要的用途就是保护守门员，因为在小禁区内，守门员受到特殊待遇，对方球员不得与守门员在此区域内发生冲撞。

大禁区又叫作“罚球区”，它是从比赛场地两端距球门柱内侧16.5米与端线平行的线上，向场内各引一条与端线垂直的线，两条线的一端与端线相接，另一端点相互连接，这三条线围成的区域即为大禁区。大禁区有多种作用，最主要的是本方守门员可以在这个区域里用手接球。

TIPS 禁区之王

“禁区之王”是形容绿茵场上那些似乎整场比赛都不见踪影，却能在关键的时刻突然出现在关键的地点，完成致命一击的球员。他们依靠的是在禁区里超人的洞察力、超强的来球判断能力以及精准的射门技术。被公认为禁区之王的射手有两位——巴西传奇前锋、绰号“独狼”的罗马里奥和荷兰球星范尼斯特鲁伊。

其次，如前所述的点球判罚规则，点球点则位于大禁区内，距离端线中心约11米（12码）。

在禁区之外，还有一道禁区弧，它有一个很好听的名字，叫作“娥眉月”。这道弧只有在罚点球的时候才用得到——罚点球时，除了球要放定在点球点之外，双方所有球员都必须“离球10码”。由端线至点球点为12码，而点球点至禁区只有6码，所以要以点球点为圆心，画上半径为10码的线，这就形成了禁区外的禁区弧，弧上面的任何一点距离点球点都是10码，只要球员站在这道“娥眉月”之外，就符合“离球10码”原则了。

TIPS 禁区内守门员不可侵犯

在守方禁区内，特别是在小禁区内，门将是受到绝对保护的。攻方球员在明显拿不到球的情况下冲撞守方门将或与守方门将在争球时相互碰撞，都会被判作侵犯门将。

022 球门球是怎么回事？

发球门球是足球规则中重新开始比赛的方式之一。如果说角球是对防守球员的制约，那么球门球就是对进攻球员的制约。

在比赛过程中，球由进攻方踢出端线（底线），则判为球门球。发球门球时，足球可以置于球门区内的任何地方。在球门球发出之前，对方的所有球员必须在禁区之外。

如果守门员力量够大，踢出的球门球还可能会直接破门，但规则只允许计算向对方球门中踢进的球——也就是说，往自家球门里踢进的乌龙球不算对方得分，即球门球发出后，足球未离开罚球区而直接进入本方球门的，就要重发。如果发出的球门球出底线的话，则分为两种情况：一种是球未向前踢出，应判重新发球门球；另一种是球向前踢出后再出本方底线，则判罚对方角球。

如果在球离开禁区前，对方球员进入禁区，裁判可根据场上实际情况判重新发球。如果除发球球员外的另一名防守球员在球被开出、但尚未离开禁区前碰到了球，这样也需要重发球门球。开球门球时，进攻方没有越位限制。攻方球员可以在除本方禁区以外任何一个位置接球发动攻势。

不过对于开球的球员来说，在足球离开禁区之后、被另一名球员接触之前，再次碰球是违反规则的。这时，就要由对方罚间接任意球，但是如果第二次碰球是更严重的手球犯规，那么就要罚直接任意球或者点球了。

开球门球直接得分在正式比赛中相当罕见。2006年的一场国际比赛上，哥伦比亚队门将马丁内斯在本方禁区内大脚开球，直接洞穿了波兰队的城门。而在中国足球历史上，2011年中国香港甲组联赛的一场比赛中，四海流浪队年仅19岁的门将曾文辉开球门球，结果球直接飞向超过85米开外的对方禁区，皮球经反弹后飞入网窝，令对方门将目瞪口呆。

023 任意球就是任性地踢吗？

任意球虽然名字里有“任意”两个字，但踢任意球却不能由着性子任意地踢。任意球的英文名叫作“free kick”，又称为罚球，是一种在足球比赛中发生犯规后重新开始比赛的方法。任意球是足球比赛中最常见的罚球之一，规则也比较简单。

首先，它分为直接任意球和间接任意球两种。直接任意球指的是踢球球员可将球直接射入犯规队球门得分；间接任意球，顾名思义，踢球球员不得直接射门得分，球在进入球门前必须被其他球员踢到或触碰到。

任意球在被踢出前必须放定在犯规地点，并且所有对方球员必须距离球至少9.15米（除非他们已站在本方的球门线上不能再往后退）。当球被踢出滚动一圈后，比赛即恢复。

罚球的地点则根据攻守方的不同而不同。如果是在本方罚球区内踢直接或间接任意球，对方球员必须距球至少9.15米以外；守门员不得将球接入手中后再踢出进入比赛；守方在本方球门区内踢任意球时，可以

在球门区内的任何地点执行。

如果对方球员过于靠近球，那么即使任意球被踢出了也将会判定重罚。为了公平起见，国际足联已经允许判罚任意球后使用一种泡沫喷剂划定球的摆放位置以及人墙的站位。

此外，踢任意球时，任何球员乱跳乱舞、故作姿态，企图分散对方球员注意力，裁判员都可以视为不正当行为，并给予警告。

通过任意球破门，是足球比赛中破密集防守并得分的重要手段。脚法精湛的任意球大师往往利用前场任意球，一脚洞穿对方球门。巴西球星小儒尼尼奥可以踢出S形轨迹的弧线球，塞尔维亚人米哈伊洛维奇甚至还在一场比赛中上演了任意球破门的帽子戏法。

除了直接破门之外，一些球队在发任意球时，往往通过球员之间的配合，声东击西，巧妙撕开对

手防线，突入禁区攻门得分。1998年世界杯阿根廷队在与英格兰队的比赛中，就通过任意球配合，打入了一球。当时，战神巴蒂斯图塔开始助跑，佯装准备大力射门，吸引了英格兰队防守球员的注意。而此时，贝隆却从后边跑上来，将皮球突然送到埋伏在人丛中的萨内蒂脚下，后者随即转身打门，球应声入网。这一任意球配合，毫不拖泥带水，一气呵成，堪称世界杯历史上的经典。

国际足坛历史上著名的任意球大师包括普拉蒂尼、小儒尼尼奥、贝克汉姆、米哈伊洛维奇、托蒂、皮尔洛等。

特别值得一提的是巴拉圭队的传奇门将奇拉维特，他不仅在守门员这个位置上有着敏捷的身手和过硬的技术，更令人称道的是他还包办球队直接任意球的主罚任务，并且屡有精彩破门。在其职业生涯中，作为守门员的奇拉维特一共打进了62个进球，其中多半是任意球得分。

024 界外球直接扔进球门算得分吗？

界外球是足球规则中重新开始比赛的一种方式。当足球整体在地面或空中完全离开足球场边线的时候，就会判罚界外球给最后触球球员的对方。

发界外球是足球比赛中少见的用手接触足球并直接掷球的方式。发界外球的瞬间，球员必须面朝比赛场地，任何一只脚的部分站在边线上或边线外的地上，双手经头后将球发出。需要注意的是，在发界外球时，防守球员必须离发球球员至少2米，直到发球入界，比赛继续进行。如果没有保持2米的距离，或者干扰、阻止发球球员，就会受到口头或黄牌警告。

如果发球球员没有按照规定的要求发球，或是没有从球离场的位置发球，则发球违例，界外球会判给对方，由对方重新发界外球。

掷界外球，如直接掷入对方球门，不能算作直接进球得分，由对方踢球门球；如不慎直接掷入了本方球门，则由对方踢角球。在球掷出，比赛恢复后，经其他球员碰触而进入球门的，只要当时没有犯规行为，进球就是有效的。

TIPS 守门员触球规则

守门员不能用手接本方球员抛出的界外球，也不可以用手去接本方球员故意用脚踢过来的回传球。但本方球员用大腿以上部位触碰的回传球则是可以用手去接的。

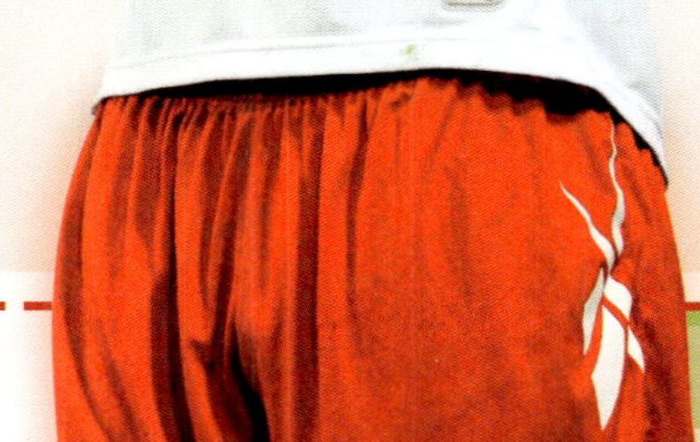

025 越位是怎么回事?

最早判定越位的定义来源于1874年的足球运动规则，可以说越位是最原始的现代足球规则之一。所谓越位，顾名思义，就是指越过了球的位置，说得详细点，就是进攻方传球球员起脚的瞬间，接球球员身体（不包括手臂）的任何部位比倒数第二名防守球员（一般是除守门员外的最后一名防守球员）距离守方球门更近，同时比球距离守方球门更近，并试图借此位置进球或干扰比赛，即被判罚越位。主裁判判罚了越位之后，即使攻方进球也会被判作无效。当然，角球和界外球这种被裁判指定的开球方式是不算越位的。为了执行这条规则，主裁判很大程度上必须依靠边线助理裁判们，比赛中他们一般会分别和双方除守门员外

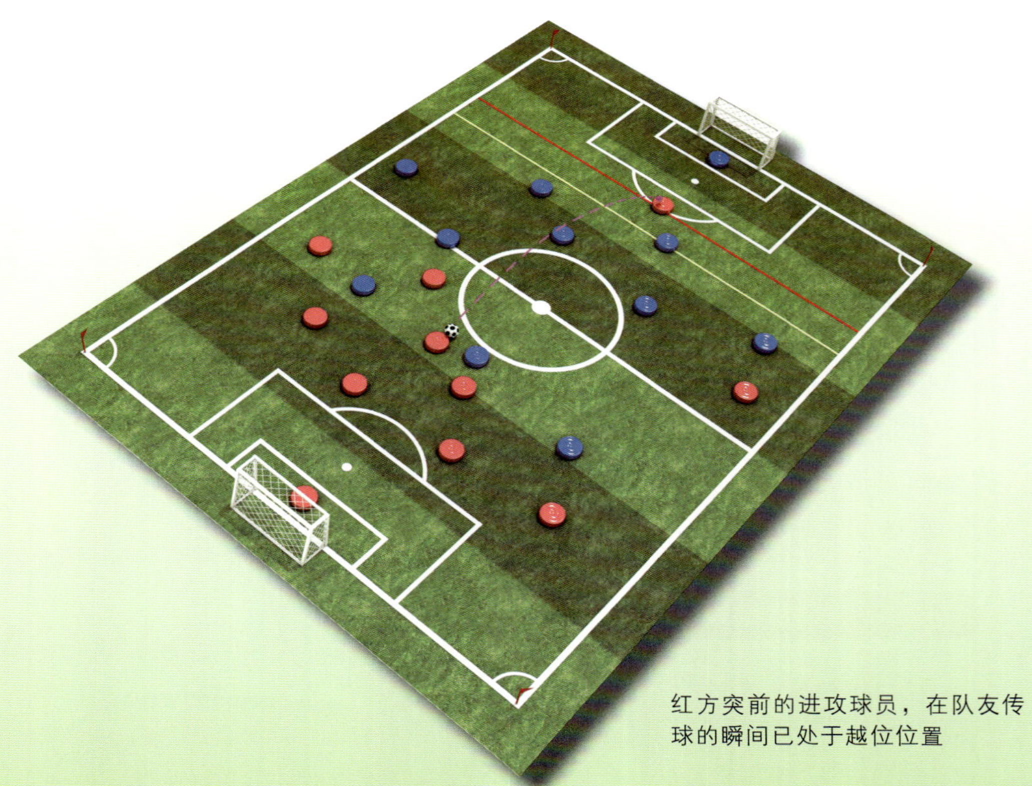

红方突前的进攻球员，在队友传球的瞬间已处于越位位置

TIPS 经典回顾

2010年南非世界杯1/4决赛，德国队4：0大胜阿根廷队，昂首挺进4强。面对阿根廷队的豪华攻击线，德国队的防线表现得无懈可击，阿根廷队虽由伊瓜因打入一球，但被判越位无效。

最后一名防守球员保持在同一条直线上。

说起来挺简单，但越位判罚起来可不那么容易。在足球比赛中，经常会因为漏判越位或者误判越位而导致争议。为什么越位的判罚会这么困难呢？这是因为边裁们需要同时追踪攻方和守方球员，要知道，两方球员如果往相反的方向奔跑，1/10秒的时间就可以跑出2米的距离，在这样短的时间里边裁既要关注传球球员的动作，还需要判断球员是否处于越位位置、处于越位位置的球员是否实际参与进攻等，难度可想而知。如果攻守双方的球员与边裁距离很远，又会受到“近大远小”的透视效果影响，那错判误判的几率就会大大增加。

对越位违例的判罚是给对方球队一个间接任意球，罚球点在违例发生的地方。如果防守方已经从中获益或者得到了球，许多主裁判会运用其自由裁量权允许比赛继续，以免比赛节奏由于太多的停顿而放慢。

026 什么是反越位？

为了庆祝儿子小马特乌斯的出生，进球后贝贝托与队友一起为球迷们献上了“摇篮曲”

球迷们对1994年美国世界杯1/4决赛中，巴西球星贝贝托双手作摇篮状跑向边线，与队友罗马里奥和马津霍一起庆祝的经典镜头一定印象深刻。而这一庆祝的起因，正是巴西队一次成功的反越位。当时，处在越位位置的罗马里奥在中场悠闲地漫步，这迷惑了对手，而另一侧的贝贝托则突然从后面插上，反越位成功，并控球直捣禁区，轻松盘过门将破门。

TIPS 助理裁判在越位判罚中的作用

为了协助主裁判掌握好对越位的判罚，助理裁判应始终与守方倒数第二名防守球员齐平。同时还要随时关注攻方球员的情况，尽可能扩大视野和观察范围，以利于判断传球球员起脚传球时，同队球员是否越位。如发现有越位情况，应及时将旗上举，向主裁判示意。

反越位是足球进攻术语，它是针对造越位战术而言的。要知道什么是反越位就要知道什么是造越位战术。造越位战术是指防守方后卫线在统一指挥下一起同时前压，使对方突前的进攻球员在队友传球的瞬间处于明显的越位位置。由于这是有预谋的防守战术，所以也叫“越位陷阱”。

反越位是指进攻球员识破对手的造越位战术，将计就计，让一名进攻球员有意落入“越位陷阱”，传球球员向越位球员所处的位置适时传出身后球（直传或者过顶），处在越位位置的球员不直接参与进攻，或迅速回撤。而处于非越位位置的进攻球员则高速插上，控球突破。此时由于对手防线前压，所以接球时一般就会形成有威胁的单刀，这就是一次成功的反越位战术。

或者，突前进攻球员与传球球员觉察到对方造越位，突前球员马上退回到不越位位置上，此时，传球球员再向突前球员传球。

成功的反越位需要队友间的默契配合，传、跑的时间点要求非常精准。

027 补时是怎么回事?

足球比赛半场快结束前，我们会看到场边的第四官员举起一块电子显示牌，上面会显示一个数字，这就是在常规的半场45分钟之外需要加踢的时间——补时，也称为伤停补时。对于领先的一方来说，希望这个时间越短越好，而对于落后方来说，则希望这个时间越长越好。

足球比赛属于“毛时间”比赛，当比赛中出现非真正比赛的中断时，裁判是不会停表的。如果在比赛当中经常出现这些停顿，就会大大地缩短实际比赛的时间，从而降低比赛的质量。例如在足球比赛中，一方处于领先的地位，就会想方设法地消耗比赛时间，如果被犯规就会长时间倒地不起，这严重影响了比赛的观赏性。在这种情况下，国际足联增加了“伤停补时”的规定。

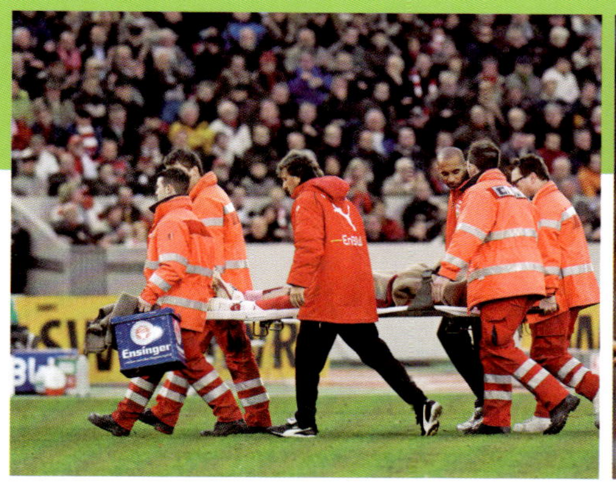

主裁判可以根据比赛的实际情况适当增加一些比赛的时间，从而保证比赛的质量。这个时间完全由当值的主裁判自己确定，一般在1分钟至5分钟之间。当然，如果比赛进行得非常顺利，几乎没有什么时间损失，主裁判也可以不设立补时的时间。通常，在半场比赛快结束的前两三分钟，主裁判会将补时的时间告诉场下的第四官员，第四官员会在比赛第44分钟左右用显示牌将要补时的时间告知球队和观众。

TIPS 补时绝杀

世界大赛上经常上演精彩的补时绝杀！例如2014年巴西世界杯1/8决赛，荷兰队与墨西哥队的比赛进行到补时第2分钟时，荷兰队的罗本突入禁区，对方后卫马克斯情急之下，伸腿绊倒了“小飞侠”。主裁判毫不犹豫吹罚了点球！罗本用自己孜孜不倦的突破造就了绝杀。最终，荷兰队2：1取胜。

028 “点球”是如何诞生的？

“点球大战”紧张刺激，经典的战例往往让球迷津津乐道，但在最初的足球运动中并无“点球”。足球比赛中的“点球”并不是与足球这项运动同时诞生的，而是随着足球运动的发展，逐步完善所形成的一项规则。

1891年的一天，英格兰的诺丁汉郡队和斯托克城队正进行一场激烈的足球比赛。终场前两分钟，诺丁汉郡队以1：0领先。这时，斯托克城队抓紧最后的时间奋力反击，一名中卫单枪匹马，带球突入对方腹地。正当他面对门将准备射门时，诺丁汉郡队一名后卫见势不妙，故意犯规将其绊倒。由于当时还没有“点球”这一判罚，裁判判进攻方在犯规地点罚球。根据当时的比赛规则，在球门前的罚球和在半场的任何地方罚球一样，防守队员可以在主罚队员前面筑一道人墙。这样，诺丁汉郡队几乎所有的队员都排在本队的球门前，筑起了一道“铜墙铁壁”，使近在咫尺的罚球无隙可入。结果此役斯托克城队以0：1败北。

赛后，斯托克城队写信向英格兰足协申诉，指出在球门前的罚球和在半场的罚球在规则上应有所区别，从而可以有效地限制守方在门前的故意犯规行为。足协仔细研究了这个建议，认为很有道理。于是，在同年9月宣布，之后凡在球门前罚球时，只允许守门员一人把守，并确定守门员防守区为点球区。

不久，斯托克城队在与阿斯顿维拉队比赛中获得一个罚点球的机会，但此时距离终场时间只有30秒。阿斯顿维拉队的守门员佯装受伤倒地，故意拖延比赛时间。由于当时还没有伤停补时的规定，30秒后裁判宣布比赛结束。倒霉的斯托克城队再一次做了“冤大头”。事后，英格兰足协亡羊补牢，对点球规则又作出了一段补充规定——罚点球时，如果恰逢半场或终场结束，比赛将顺延至点球罚完为止。

1891年9月14日，英格兰伍尔弗汉普顿队的希思射进了足球运动史上的第一个点球。1905年，国际足联向全球正式公布了点球规则，从此，罚点球被正式补入国际足球比赛规则，并延续至今。

由于率先提出“点球”这一概念的，是爱尔兰人约翰·麦克·佩纳尔蒂，所以“点球”在英语里被称为“佩纳尔蒂（penalty kick）”。又因为点球点距离球门只有12码（10.97米），所以点球也被人们称为“12码球”。

TIPS　世界杯大赛上的第一场点球大战

在1982年西班牙世界杯大赛的半决赛中，联邦德国队对阵法国队。90分钟双方1：1战成平手，加时赛双方各进2球，打成3：3。随即进行了世界杯历史上第一次点球大战，两队踢到第6轮时方见分晓，联邦德国队在点球大战中以5：4获胜出，杀入最后决赛。

029 什么是点球大战?

点球大战中，除主罚球员和对方守门员外，其余球员均应退到中圈以内

点球又称为“12码”球，是在距离球门约10.97米（12码）的位置上进行一对一的射门与扑救的较量，可以说是相当刺激，也相当残酷。除了在比赛中会因为犯规而出现罚点球的情况外，如果两支球队在加时赛后仍未分出胜负，就需要通过互射点球来确定输赢，这种决定最终胜负的方式一般就被称作点球大战。

点球大战开始前，双方各自先确定好本队罚点球的球员和出场顺序，通常以猜硬币的方式决定由哪一方先罚。点球大战开始后，双方轮流罚球，共罚5轮，5轮结束之后以累计进球数多的一方获胜。如果5轮罚球结束后双方仍未分出胜负，则采取“突然死亡法”进行加罚，即双方继续互罚，直到出现某一轮结束时一方罚进而另一方未罚进的情况，则由罚进的一方取得胜利。

TIPS　世界杯点球大战

1986年墨西哥世界杯，法国和巴西两支最具冠军相的球队在1/4决赛中相遇了。下半时“白贝利”济科带伤出场，却将珍贵的点球罚失，双方120分钟战成1：1平。比赛进入点球决战。两大巨星苏格拉底和普拉蒂尼都鬼使神差地败在了点球前。在3：3的情况下，费尔南德斯最终一锤定音，将法国队带入4强的同时，也送走了才华横溢的巴西人。

TIPS　世界杯点球大战

1998年世界杯1/4决赛，法国队与意大利队120分钟战成0：0平，点球大战再一次成为意大利人的痛。法国队的“光头门神”巴特斯扑出了阿尔贝蒂尼的射门，意大利队最后一个主罚球员迪比亚吉奥又一脚将球打在横梁上。法国队4：3淘汰意大利队，晋级4强。

2014年巴西世界杯1/8决赛，巴西队点球大战3：2淘汰了智利队。守门员塞萨尔接连扑出对方2个点球，巴西队头号球星内马尔顶住压力打入制胜的一球

点球大战的规则和常规罚点球的规则基本相同，唯一不同的是不允许补射——球被踢出后无论是否触及其他球员，主罚球员均不得再次触球，否则视为进球无效。罚球时，须待裁判鸣哨示意，罚球才开始，若在裁判没有吹哨的情况下罚出点球，即使进球也会被判定无效。

得到过世界杯冠军的8支球队——德国队、阿根廷队、巴西队、法国队、意大利队、西班牙队、英格兰队以及乌拉圭队均在世界杯赛场踢过点球大战，且前7支球队至少踢过3次，前5支球队在夺冠历程中都经历过点球大战过关的惊险一幕。

德国队在点球大战中的胜率是最高的，达到83.3%，而英格兰队的胜率只有17%。综合常规时间的点球命中率和点球大战的胜率，罚点球最差的其实是意大利队——意大利队在世界杯的点球大战中受伤很深，他们在1990年、1994年和1998年连续三届世界杯折戟点球大战。1994年美国世界杯上，巴乔罚丢点球后那个落寞的背影令无数球迷心碎。

1994年世界杯决赛点球大战中，巴乔踢飞点球后失望地低下头，身旁不远处，是高举双臂欢呼的巴西门将塔法雷尔

030 点球大战是决出最终胜负的唯一选择吗？

在足球比赛中，有很多种最终决出胜负的方式，点球大战并不是唯一的选择。

最简单也是最直接的方式，当然就是在90分钟的比赛中决出胜负。如果打满90分钟还未分胜负，且比赛是一定要决出你死我活的话——例如淘汰赛，那么就会进入加时赛。加时赛也分上、下半场，每半场各15分钟。

关于加时赛，国际足联曾经推出过一项决定生死的制度，叫作“突然死亡法”，也称为“金球制”。如果一支球队在加时赛中率先进球，那么比赛就随即结束，该队获得胜利，这一进球就称为“金球”。1998年法国世界杯上，金球制被列入了正式比赛规则。东道主也是当届最终的世界杯冠军——法国队成为第一个受益者。当时，他们在与巴拉圭队的加时赛中，依靠后卫布兰科的金球获胜。

TIPS 经典回顾

1998年6月28日，法国世界杯上，法国队同黑马巴拉圭队进行1／8决赛，围着南美人的球门狂攻了整整113分钟的法国队终于依靠后卫布兰科的金球获胜，当时杀入小禁区的布兰科接到了特雷泽盖的头球摆渡射门得分。他成为世界杯历史上第一个金球的制造者。

TIPS　国际重大比赛上的首粒金球

1996年欧洲杯决赛在捷克队与德国队之间进行。第59分钟，捷克队取得领先。困境中的德国队主帅福格茨在第69分钟换上了比埃尔霍夫。这是一次具有历史意义的换人。终场前不久，比埃尔霍夫一记头球为德国队扳平比分，双方进入加时赛。加时赛第95分钟，比埃尔霍夫接到克林斯曼传球在禁区内转身射门，皮球不可思议地进入球门。国际重大赛事上的第一个金球诞生了。

不久，国际足联又推出“银球制”——如果一支球队在加时赛中射入了一球，比赛要到该半场结束后才算完成。这样，落后的球队就有机会在先失一球的情况下挽回败局。

此外，1970年世界杯大赛中还有这样一条特殊规则，如果在1/4决赛和半决赛中，通过加时赛两队仍未分出胜负，那么将采取投掷硬币的方式来决定胜者，好在这一滑稽的判定方式从来没有机会在世界杯大赛上使用。

就好像足球是圆的一样，在经历了各种变革后，加时赛的金球制和银球制又被取消了。2004年2月，国际足联宣布，决定比赛胜负的金球制和银球制取消。决定比赛胜负回归传统做法，即如果比赛在90分钟内战平，双方球队将进行加时赛。如果加时赛内还不分高低，就采取点球大战决出胜负。

031 一场足球比赛最多能换几个人？

在由国际足联、洲际联合会或国家协会主办的正式比赛中，每场比赛最多可以使用3名替补球员，而在其他非正式比赛中，换人数量的限制是6个人。

比赛开始前，教练必须确定并填写本队的18人大名单交给裁判员，替补球员必须在这18人之中，未被提名的替补球员是不能参加比赛的。

一般在换人时，由球队助理教练填写换人名单，然后交给第四官员，经由主裁判同意后进行替换，并由第四官员在场边举出上下场球员的号码。换下场的球员就不能再上场了。

一般情况下，主裁判示意可以换人后，替补球员就可以上场了，不必等到出现死球的情况，但这要得到场上主裁判的允许。

换人一般会在两类情况下发生。一类是球员意外受伤——足球场上的对抗非常激烈，随时可能发生球员受伤的情况。一般在球员受伤倒地后，会有医护人员进场进行简单急救，如果判断球员无法继续比赛，球队就需要换人了。另一类是战术性换人——比如球员状态不佳，或者是主教练需要进行战术上的调整。

032 角球是怎么回事?

角球是足球比赛中出现“死球”情况后重新开始比赛的一种方法，是足球罚球的一种。当球最后被防守球员碰触，在空中或地面越过球门线但并未进球时，则判给进攻方一个角球。

罚角球时，球先要放到角球弧内。角球弧位于底线与边线的交点处，是一个半径1米的1/4弧。角球弧内称为角球区，位于足球场的四角，四个角球区内各竖有一面角旗。

所有的防守球员在对方罚角球时必须至少离球9.15米，直到球被开出。根据比赛规则，角球开出时开球方没有越位限制，并且允许直接射门得分。因此，角球战术往往会成为各队进攻套路中的重要一环。角球战术中，既有利用快速旋转的高空球创造头球破门的机会，也有使用地面短传从禁区边缘突入的渗透进攻，特别是在比赛进入白热化阶段时，一次成功的角球配合就是打破僵局的利器。

正式比赛中，角球的主罚者直接将球送入对方网窝的情况并不常见。但历史上也有过德国球星巴斯勒一个赛季可以3次收获角球得分，甚至威尔士球员爱德华兹在一场比赛里利用角球直接得分上演了帽子戏法。

033 为什么一支球队会有好几套球衣？

阿根廷国家队球衣除了我们熟悉的蓝白剑条衫、黑色短裤外，还有一套蓝色客场球衣

我们经常会看到，一支球队在不同场次的比赛中所穿的球衣是不一样的，有时候甚至连颜色都大相径庭。例如，中国国家队就至少有红色、白色两套球衣，并且设计上也有所不同。

原来，现在一支球队一般都会拥有3套球衣：主场球衣、客场球衣、备用球衣。一支球队在主场作战时，一定会穿上自己的主场球衣，也正是这些主场球衣，为球迷了解球队打下了第一印象。特别是对于国家队来说，主场球衣的颜色更代表着国家的颜色，例如巴西队的黄色和绿色、意大利队的蓝色、德国队的红黑白色、荷兰队的橙色，这些都是象征国家的颜色。而客场作战时，客队都会选择客场球衣，但前提条件

德国国家队客场队服使用了红黑相间的条纹样式，而主场队服则采用了白色上衣和黑色短裤的搭配。此前，为了纪念球队夺得1972年欧洲杯冠军50周年，德国队还曾经使用过绿色复古球衣

是颜色必须与主队球衣的颜色区别明显，这样才不至于在场上出现“撞衫”的现象。如果客场球衣和主队的主场球衣差异不大，那么客队多会选择备用球衣，要是备用球衣也不太容易区分，那么就会出现客队穿主场球衣、主队穿客场球衣或第三球衣的情况——尽管这并不常见。总之，两支队伍在拥有6套球衣的情况下，总能找到具有明显差别的球衣。

此外，对于俱乐部来说，卖给球迷的球衣价格不菲，如果在一个赛季中多推出几套球衣的话，也是一笔不菲的收入。因此，许多俱乐部会适时让球员穿上一些纪念版或特别版球衣进行比赛，以此推动球衣销量。

034 为什么球队大名单里会有3名守门员？

在正式的足球比赛中，一支球队的大名单是23个人。按照每个位置保留一名替补球员来计算，其实22个人也够了，多出来的那个人正是守门员，为什么会出现一支队伍需要3名守门员的情况呢？

按照国际足联的规定，每支球队在上报参赛球员名单时，必须包括3名守门员，这一规定最早可以追溯到1934年世界杯，当时已经有一些球队在联赛和杯赛中使用替补守门员了。一支球队在世界杯比赛中使用多名守门员的现象并不多见——1974年才第一次出现在世界杯比赛中换上替补守门员的情况。历史上也只有4支球队在同一届世界杯中使用了3名守门员。但这并不意味着保留3名守门员不重要，因为守门员位置特殊，在场上具有不可替换性——前锋、中锋、前卫、中卫、后卫、边卫等都可以混用，一支球队有足够的球员可供替换，守门员则几乎没有办法由其他球员代替。

尽管在世界杯上没有出现过一场比赛使用多名守门员的情况，但在其他比赛中，还是会经常碰到一场比赛使用3名守门员，甚至需要后卫去

TIPS　神奇的戈耶切亚

1990年世界杯小组赛，阿根廷队主力门将彭皮多出击时意外受伤，无奈的主教练比拉尔多换上了戈耶切亚。这次意外和换人成就了世界杯历史上最神奇的点球门神——塞尔吉奥・戈耶切亚。此后，戈耶切亚在同南斯拉夫和意大利的淘汰赛中，接连扑出4个点球！靠着戈耶切亚的神奇，阿根廷队挺进决赛。决赛中，面对联邦德国队布雷默主罚的点球，戈耶切亚横身飞出，但与皮球还是差了一点点的距离。阿根廷队输掉了世界杯决赛，但戈耶切亚的传奇却永远留在了意大利之夏的回忆中。

客串守门员角色的特殊情况。2006年，英超联赛切尔西队与雷丁队的比赛中，开赛仅半分钟，雷丁队的亨特就和切尔西队守门员切赫发生肢体冲撞，致使后者严重受伤，被紧急送往医院。切尔西队主教练穆里尼奥派上了替补守门员库迪奇尼，并在下半场用掉了剩余的两个换人名额。结果在比赛的第91分钟，替补门将库迪奇尼出击时又被雷丁队球员撞倒，当即不省人事。此时距离比赛结束还有一段时间。无奈之下，切尔西队的队长特里跑向教练席，穿上了三号守门员希拉里奥的球衣，在比赛最后的几分钟里临时充当守门员。好在切尔西队最终守住了胜果，但在随后的几场联赛中，他们只能依靠球队的三号守门员了，并且祈祷他不会在比赛中受伤，不然就真的没有办法派上真正的门将了。

035 什么是足球比赛中的助攻？

足球是一项集体项目，助攻者为射手创造了破门的良机，也是球队得分取胜的关键。因此，在重大赛事中，球迷们除了关注射手榜以外，还会关注助攻榜。

例如在2014年巴西世界杯上，德国队中场球员托尼·克洛斯以4次助攻获得了本届世界杯助攻王的称号。

计算足球比赛中的助攻需要同时满足下列条件，缺一不可：第一，进球不是通过罚任意球或角球直接射进的；第二，进球不是对方球员打进的乌龙球；第三，如果在进球前皮球最后碰到了本队球员、对方球员或裁判员，甚至球场设备，则该进球不算助攻；第四，射门得分者在得球和射门的这段时间内，没有长途奔袭或带球过人的动作；第五，助攻传球的滚动距离必须超过足球的周长。

1990年意大利世界杯阿根廷队与巴西队的比赛中，全世界球迷共同见证了一个经典的瞬间。阿根廷队一边顽强抵抗着巴西队的大举进攻，一边耐心等待着反击的良机。终于到了第81分钟，马拉多纳在中场带球，先在中

托尼·克洛斯（德国）

TIPS　风之子

克劳迪奥·卡尼吉亚，绰号“风之子”。在球场上，他像风一样奔跑，长发飘逸的身影令球迷们印象深刻。卡尼吉亚司职前锋，他与马拉多纳组成黄金搭档，在1990年世界杯赛上大放异彩。在关键的1/8决赛和半决赛中，正是卡尼吉亚关键时刻的入球帮助阿根廷队闯入决赛。他具备一个出色射手所必备的速度、技术、意识和灵巧。卡尼吉亚代表阿根廷国家队出场50次，共打进16球。“风之子”身材不高，但速度极快，百米速度达到10秒23，目前为止，堪称职业球员之最。

圈变线晃过了阿莱芒，随后带球躲过了邓加的铲抢，又利用假动作突破了迎上来的罗查，在多名巴西球员形成包夹之势时，马拉多纳倒地将球传给了左路无人防守的卡尼吉亚，后者绕过门将塔法雷尔轻松破门。这也许是世界杯历史上最不可思议的助攻，从中场开始，马拉多纳利用盘带突破晃过了3个人，又用一脚传球击败了剩下的3个。马拉多纳的闪光20秒帮助阿根廷队涉险过关，闯入8强。赛后，巴西里约热内卢的《环球报》无奈地列出了这样的大标题：马拉多纳1：0巴西。

036 “乌龙球”是什么球?

乌龙球指的是足球或者其他球类比赛中，一方将球送入己方得分区域而导致对方得分的情况，也就是自己给对手送了分。乌龙球通常是意外导致的结果，一般因为防守者技术不佳或是在进攻球员的压力下而产生的失误。在足球比赛中，有两种情况即使球进入了自家球门也会被判无效：直接将界外球掷入己方球门或将间接任意球踢入己方球门。这和攻方将界外球掷入对方球门或将间接任意球射入对方球门一样，在规则上都会被视为无效的进球。

TIPS 巴西队世界杯史上的第一粒乌龙球

2014年巴西世界杯的第一场比赛，由东道主巴西队对阵克罗地亚队。此届世界杯赛的第一个进球，也是巴西队有史以来在世界杯上的首个乌龙球，就是由马赛洛不慎踢进自家球门的。好在最终巴西队以3：1击败了克罗地亚队，才没有在家门口太丢脸。

2001年，米卢带领的中国队与美国队进行了一场友谊赛。球迷可能已经忘记了这场比赛的比分，但对中国球员王亮在中场的一脚回传则是刻骨铭心。当时踢后卫的王亮中场处理球失误，将球凌空垫向后场的守门员。结果皮球诡异地飞行了40米后直接吊进了自家的球门。王亮也由此打入史上距离最远的乌龙球，射程达40米。

但也有极少数乌龙球是球员故意打进的。在1998年老虎杯（现东南亚足球锦标赛）小组赛最后一场印尼队与泰国队比赛中，交战双方为了避开半决赛的强劲对手都不希望赢球。90分钟的比赛双方战成2：2，但在伤停补时阶段，印尼队的后卫艾克多诺将球直接射进了自家大门，印尼队也如愿地避开了东道主越南队。这个不公平竞争行为引起了球迷的极度不满，国际足联分别对两支球队作出了处罚，艾克多诺被罚终身禁赛，成为世界上第一个因乌龙球而被终身禁赛的球员。这记乌龙球也成了世界上最耻辱的乌龙球。

TIPS 最惨痛的乌龙球

1994年美国世界杯期间，哥伦比亚队的安德列斯·埃斯科巴不慎打进了1个乌龙球，不仅使得哥伦比亚队以1：2输给美国队，还导致本队无缘此届世界杯的16强，遭到了本国球迷的抨击。更不幸的是，他在回国后被暴徒枪杀，这一暴力事件震惊了全球体育界。

037 "帽子戏法"是怎么回事?

"帽子戏法"一词源于英国的板球运动。1858年，在英格兰谢菲尔德海德公园球场举行了一场全英11人队与哈兰姆队的板球比赛，全英11人队的投球手赫斯费尔德·哈门·史蒂文森连续三次投出好球，从而淘汰了对方三名球员。这是相当了不起的一个成绩，俱乐部便授予史蒂文森一顶球帽，作为一种至高荣誉的象征。后来"帽子戏法"被引用到足球比赛中，其含意就是"在一场比赛中，一名球员三次攻破对方球门"。

现在，"帽子戏法"也可以用来指称足球场上其他次数等于"三"的现象。世界足坛有许多有趣的"帽子戏法"。

世界杯决赛"帽子戏法"：英格兰在1966年本土举办的世界杯上获得了仅有的一次冠军。作为现代足球的发源地，英格兰还拥有另一项殊荣——阵中前锋高夫·赫斯特成为历史上唯一的世界杯决赛中攻入

TIPS　一场比赛诞生两项之最

1994年美国世界杯，俄罗斯队在小组赛中6：1击败喀麦隆队，本场比赛中诞生了两个纪录，俄罗斯球员萨连科一人打进5球，成为世界杯历史上单场进5球的第一人，而喀麦隆42岁1个月零8天的老将米拉也攻入1球，他创造了世界杯最年长进球者的纪录。

三球，完成“帽子戏法”的球员。

点球“帽子戏法”：2004年6月3日，在2006年世界杯预选赛南美洲赛区巴西队与阿根廷队的比赛中，罗纳尔多三次突入禁区造成对方球员犯规，并三次将自己制造的点球罚入。

点球不进“帽子戏法”：1999年7月4日，在美洲杯比赛哥伦比亚队与阿根廷队一役中，阿根廷队以0：3败北，是役阿根廷队三获点球，前锋巴勒莫三次主罚，均没能罚进。

任意球破门“帽子戏法”：1998年12月13日，意大利甲级联赛中，拉齐奥队的米哈伊洛维奇在与桑普多利亚队的比赛中三次主罚直接任意球破门，从此奠定了一代任意球大师的地位。

最快“帽子戏法”：在2015年英超南安普顿队与维拉队的比赛中，南安普顿队前锋马内仅用时2分56秒便打进三球，成为历史上最快完成“帽子戏法”的球员。

足球先生“帽子戏法”：金球奖（欧洲足球先生）与国际足联世界足球先生是绝大多数球员毕其一生也无法获得的殊荣。20世纪90年代，罗纳尔多和齐达内分别赢得三次国际足联世界足球先生，完成了“帽子戏法”。在此之前，克鲁伊夫、普拉蒂尼、范巴斯滕也先后完成过金球奖“帽子戏法”。梅西在2009年同时赢得了末届金球奖与国际足联世界足球先生，并在两者合并的国际足联金球奖创立的首届与次届连续夺得此项荣誉，完成了神奇的跨世代足球先生“帽子戏法”。

038 “冷门”是怎么回事？

有句话说得好：“足球是圆的。”它指的是足球比赛的结果往往会令人大跌眼镜。一些豪华之师常常会被无名小卒吃掉，常胜将军也有“阴沟翻船”的时候，足球赛场上的不确定性正是足球运动的魅力所在之一。

世界杯历来就有制造冷门的传统。为什么会出现这样的冷门呢？因为左右比赛结果的，除了球队自身的实力之外，还有其他因素。如战术打法，球队的状态，对比赛的重视程度，赛场的客观条件，现场气氛，等等。胜负有时候并不在“情理”之中，一些极其偶然的因素也会改变和决定比赛结果。

美国队战胜英格兰队的比赛堪称世界杯历史上最大的冷门。1950年，第四届世界杯在巴西举行。美国队和英格兰队被分在同一小组，以“现代足球鼻祖”自居的英格兰人，根本没有把美国队放在眼里。他们来参加世界杯的目标只有一个——冠军。而美国队赛前的目标也只是设法少输几个，尽可能体面地被淘汰。但比赛的结果却令人震惊——全场占尽优势的英格兰队，在第38分钟被美国队偷袭得手，竟然以0：1败下

1966年英国世界杯，晋级8强的朝鲜队差点又创造了更大的奇迹。在与葡萄牙队的1/4决赛中，开场25分钟，朝鲜队便以3球领先。不过葡萄牙队在传奇球星尤西比奥的率领下，稳住阵脚，迅速展开反击，并最终成功逆转，将朝鲜队这匹“黑马”阻挡在了4强之外

阵来。美国队创造了奇迹，这让傲慢的英格兰人至今仍觉得颜面无光。

同样爆炸性的冷门还出现在了1966年。朝鲜队作为第一支跻身世界杯决赛圈的亚洲球队来到了英格兰。在第三场小组赛上他们遇到了两届世界杯冠军得主意大利队。结果同样出人意料，朝鲜队毫不客气地以1：0击败了这支欧洲劲旅，从而将意大利人提前送回了家，而自己历史性地昂首挺进8强。

有趣的是，赛前朝鲜队由于认定自己会不敌意大利队而无缘晋级，早早退掉了酒店房间，以至于爆冷获胜的当晚，他们不得不一边庆祝，

TIPS　世界杯冷门

在西班牙举行的第12届世界杯赛上，来自非洲的阿尔及利亚队与欧洲劲旅联邦德国队在小组中遭遇，阿尔及利亚队的表现让球迷们刮目相看，以2：1将德国队斩于马下。之后阿尔及利亚队又以3：2战胜了智利队，只可惜在随后的比赛中因联邦德国队和奥地利队的默契球而被淘汰出局。

一边拖着行李寻找借宿的地方。

冷门也不总是以弱胜强，有时两虎相争，也会有出人意料的结局。2014年巴西世界杯半决赛，东道主巴西与德国两个夺冠大热门狭路相逢。全世界的球迷都在期待一场势均力敌的强强对话，然而结果实在令人难以置信。巴西输球并不惊奇，但是1 ：7这个比分着实爆了个大冷门！对于巴西队参加比赛的球员们来说，这场惨败注定会成为他们一生的梦魇。

TIPS　世界杯冷门

1990年意大利世界杯揭幕战上，阿根廷队迎战喀麦隆队。由于阿根廷队是以上届冠军的身份进入决赛圈的，没有参加预选赛，因此实战的机会少了许多，比赛中一直找不着状态。最终，阿根廷队出人意料地以0 ：1败给了喀麦隆队，后者还因为这场胜利获得了“非洲雄狮”的美誉。

039 为什么颠球是训练基本功的重要方法？

颠球是足球训练中增强球感、熟悉球性的有效方法。掌握了各类颠球技巧后，除了能熟练运用身体上各处部位停球，还能达到控好球的目的，防止球离开自己的控制范围。

实际上，看起来很炫的颠球也可以通过由浅入深的练习掌握。例如，可以从一个部位——脚背或大腿开始，原地进行颠球练习。逐渐熟悉后，使用身体的多个部位颠球——头部、肩膀、脚内侧、脚外侧等。待原地颠球熟练后，就可以尝试进行动态颠球，比如走着、跑着颠球，甚至在实际比赛中，也可以尝试练习颠球技术。作为足球最基本的训练内容，颠球是每个球员的必修课。颠球在实战中也有很大的作用，除了帮助停球外，有很多过人动作——比如挑球过人，实质上就是颠球的延伸。球踢得好的球员基本上颠球技术也不会差。

梅西儿时的教练卡洛斯·莫拉莱斯曾表示，八九岁时的梅西会在比赛中场休息时在球场中圈表演颠球，他能用左右脚、大腿、肩膀和头连续做出花哨的动作，令现场几万名观众沸腾。中国球员孙可一次颠球也可以颠上1万个，他小的时候通过勤学苦练，10分钟能颠球1000个，一颠就是一个多小时，到后来都没有人愿意给他计数了。

内马尔（巴西）

040 德比大战是怎么回事?

同城德比，简称为德比，是指两支位于同一城市或区域的球队所进行的比赛。“德比”一词来源于英语，原指英国的德比郡。德比郡盛产名马，英国赛马场上很多赛马都是出自德比郡。由于场上往往是德比马之间在对抗，所以人们称赛马为“德比之战”。“德比”后来被引申到足球、橄榄球、篮球等俱乐部赛事中，演绎成“同城之战”——那些同城球队的对抗。

还有一种更权威的说法也与德比郡有关。19世纪初，足球尽管还没有在全球发展为有组织的比赛，但在英格兰已是非常流行的体育运动，尤以德比郡最盛。尽管那时比赛规则并不完善，但在德比郡，球队之间的比赛已经很多，球迷数量也很大。1846年，德比同城两支球队相约，在每年6月的第一个星期二举行一场比赛，并作为传统保留了下来。这种同城球队之间的比赛一开始只是地方性的，但随着时间的推移，逐渐在整个英格兰流行开来。“德比大战”的叫法于是传开了。当时流行的德比大战，对于推动足球规则的统一以及英格兰足球协会和各级联赛的创立，都有着直接或间接的影响。

根据不同的情况，德比的定义和使用范围也有所不同。德比通常代表两队位于同一城市或邻近地区球队的比赛，如“曼彻斯特德比”是英

TIPS 最高级别的同城德比

迄今为止，曾经出现过的最高级别的足球同城德比战是2014年欧洲冠军杯的决赛，由西班牙的两支同城劲旅皇家马德里队和马德里竞技队对阵。通常国内联赛的德比战属于例行比赛，比较常见。而在欧冠联赛这样的顶级俱乐部赛事中，国家德比并不常见，同城德比更是少之又少。

超两支球队——曼联队和同城死敌曼城队的较量。两队同为历史悠久且战绩卓越的球队，曼城队在20世纪50年代及70年代稍占优势，但曼联队在90年代后反转了局面。至于球迷的支持率则是五五开，曼彻斯特市东部的居民更加支持曼城队，而曼联队的球迷则来自西部乃至世界各地。历史上两队首次交战要追溯到1881年11月12日，当时曼城队的前身圣马可堂队主场迎战曼联队的前身纽顿希夫队，结果纽顿希夫队以3：0获胜。两队球迷之间的相互戏谑更是司空见惯，曼联队球迷时常取笑曼城队长时间未能夺得重要锦标，而曼城队球迷则称曼联队根本不具备曼彻斯特市的纯正血统——因为老特拉福德球场位于曼彻斯特市边界之外。

但有时同一国家最强的两支劲旅之间的对抗亦可称为德比。一般这两队都拥有悠久的历史和深厚的底蕴。例如意大利的两支老牌豪门国际米兰队和尤文图斯队，以及西甲双雄巴塞罗那队和皇家马德里队，等等。

西班牙甲级联赛国家德比（巴塞罗那队与皇家马德里队）场面火爆，裁判不得不经常通过出示红黄牌来控制比赛

041 重赛是怎么回事？

当主裁判吹响终场的哨音，便是宣告本场比赛的结束，其结果也就无法更改了。然而，在足坛历史上确实发生过一些重赛的事例。

按照国际足联的惯例，无论裁判作出怎样的判罚，即使判罚失误，在一般情况下都不会进行重赛。不过也有例外，2006年德国世界杯预选赛亚洲区比赛中，乌兹别克斯坦队在主场1：0领先巴林队时获得点球机会，主罚球员杰帕罗夫虽然将球罚进了球门，但主裁判吉田寿光认为乌兹别克斯坦队球员提前进入了禁区，判定进球无效。这种情况下，

2013年欧冠小组赛B组末轮，尤文图斯队客场挑战加拉塔萨雷队。两队的比赛踢了32分钟，就因暴雪和冰雹而被迫暂停，随后主裁判宣布比赛延期重赛

TIPS 时间最短的足球比赛

2015年4月11日，在北爱尔兰踢的一场重赛，只用了短短65秒，堪称史上用时最短的足球赛。重赛只有一个主要内容：英格兰球员威廉姆森主罚点球，并且一击命中，之后主裁判就吹响终场哨声。

重赛的缘由是这样的：在此前进行的欧洲U19女足锦标赛预选赛中，1：2落后的英格兰U19女足在补时阶段获得点球，威廉姆森主罚命中，但当值主裁判库尔特斯误读了比赛规则，以英格兰队有球员提前进入禁区为由，判点球无效，给了挪威队一个间接任意球机会。

这引起了英格兰足协的不满，并向欧足联提出申诉。经过欧足联裁定，这场比赛必须重赛，但只需重赛最后剩下的18秒。于是，就出现了足球史上“最短比赛”一幕，加上罚点球、球员庆祝、重新开球等，实际上共耗时65秒。

依据规则本应让乌兹别克斯坦队重罚点球，但主裁判剥夺了他们的点球机会，反而给了巴林队一个任意球。这引起了乌兹别克斯坦队的强烈不满，最终国际足联做出了重赛的决定。一个月后双方的重赛打成平局，乌兹别克斯坦队本来到手的3分通过重赛反而变为了1分。

在足坛的历史上，也有因为主裁判“黑哨”操纵比赛而被判重赛的。例如，2004年德乙联赛中艾伦队与布尔格豪森队的比赛就由于当值主裁判的“问题执法”而被判定择日重赛。

还有一种情况，那就是因为天气、观众等其他意外因素干扰，不得不进行重赛。例如，2004年在意甲联赛罗马城的德比战中，看台上突然爆发了大规模的球迷骚乱，致使比赛半途而废。意大利足球联盟赛后决定让双方在中立场地重新开赛。而在2013年欧冠小组赛中，意大利尤文图斯队与土耳其加拉塔萨雷队在大雪中勉强战至第32分钟，由于天气实在过于恶劣，当值主裁判不得不中断了比赛，并宣布双方择期进行剩余的58分钟的比赛。类似这样的重赛都是不得已才进行的。

042 “黑色三分钟”是怎么回事？

“黑色三分钟”曾经是中国足球挥之不去的阴影，它本意是指在足球比赛的最后时刻，原本已成定局的胜果居然完全被扭转，瞬间从成功变为失败。1989年世界杯亚洲区预选赛上，雄心勃勃的中国队冲击1990年意大利世界杯，但却非常不幸地两次遭遇“黑色三分钟”。

1989年10月17日，中国队迎战阿联酋队，如果取胜，出线形势将一片大好。终场前5分钟，中国队仍1∶0领先，此时主教练高丰文换上后卫董礼强，意欲在剩下不多的时间里加强防守，保住胜果。没想到上场之后，董礼强就连续出现两次带球失误，均被对手断下，并成功组织起反击。3分钟内居然被阿联酋队连入两球，中国队痛失好局。

10月28日，中国队在最后一轮比赛中迎战卡塔尔队。只要取胜，便能首次进军世界杯决赛圈，结果却再次遭遇“黑色三分钟”。比赛中，中国队在场上占尽优势，并由马林于终场前攻入一球。眼看一只脚已经踏进了意大利，却在最后时刻又被对手连扳两球，最终以1∶2负于卡塔尔队，与梦寐以求的世界杯决赛圈只差一步。

其实在世界足坛上，这样的“黑色时间”并不只发生在中国队身上，德国队、AC米兰队、拜仁慕尼黑队等一些世界劲旅也都发生过类似的“黑色”事件。统计学家认为，在足球场上流传甚广的“黑色三分钟”是有理论依据的。这种理论认为，一支球队的得分不仅与球队实力有关，还与球队的获胜欲望密不可分。当球员射门得分后，激发了整个球队的自我肯定效应，球员渴望再次得分。于是，在较短的比赛时间内，再次得分的可能性大大增加。反之，消极保守则可能导致连续失球。

那么如何才能避免“黑色三分钟”的现象呢？运动心理学家认为，球员必须具有良好的心理素质，尤其要对赛场上的风云变幻做好心理准备。特别是在失球的情况下，不要惊慌失措，避免像无头苍蝇一样在球

TIPS　拜仁慕尼黑队欧冠决赛遭遇“黑色三分钟”

1999年5月27日，世界见证了一场世纪之战。德国的拜仁慕尼黑队和英格兰的曼彻斯特联队在欧洲冠军杯的决赛场上相遇，双方阵中名将如云、群星闪耀。近十万球迷齐聚球场，为双方对决呐喊助威。拜仁慕尼黑队早在上半场第5分钟就由巴斯勒任意球破门，曼联队自然不甘心失败，整场比赛一直加强着攻势。无奈每次进攻均被拜仁慕尼黑队一一化解，眼看90分钟的比赛时间将尽，全世界都认为拜仁慕尼黑队即将获胜，最不可思议的事情发生了！在补时的3分钟内，曼联队依靠两个角球，由谢林汉姆和索尔斯克亚头顶脚踢各入一球，奇迹般地实现反超，神奇地逆转了比赛结果。最终曼联队反败为胜，以2∶1战胜了实力强大的拜仁慕尼黑队。

场上乱跑。要保持冷静，继续保持本队原有的战术打法。事实证明，一球领先的球队不乘胜追击，刻意消极防守以求保住领先优势，这是最为愚蠢的策略，最终将自食其果。

043 足球赛事都有哪些赛制？

参加诸如世界杯、欧洲杯、亚洲杯等大型足球赛事时，由于参赛队伍众多，因此会采取一定的赛制来保证比赛的公平，同时也会留有一些悬念，增加比赛的观赏性。常见的赛制有循环制和淘汰制两种。

循环制有多种形式，每两支球队之间只比赛一场的称为单循环，比赛两场的称为双循环，还有比较少见的多循环。在循环制下，各支队伍之间交手的场次是相同的。一般来说，单循环赛常见于分组比赛中，例如世界杯决赛阶段的小组赛。双循环的两场比赛，一般会分主客场进

TIPS 世界杯分组抽签

1938年3月5日，第三届世界杯比赛的抽签仪式在法国巴黎举行。国际足联主席雷米特让自己的孙子伊夫爬到桌上为分组抽签。

目前，有32队参加的世界杯决赛阶段小组赛分为8组，每组4个队；所有参赛队分为4个档次。为避免强队过早相遇，水平最高的8个队被列为种子队，为第一档。分组抽签的另一原则是来自同一大陆的球队避免分在同组，但由于欧洲参赛队伍较多，所以一个小组允许出现2支欧洲球队。

行，常见于各国的足球联赛。

采用循环赛时，一般允许平局的出现，比赛排名由每场比赛的积分总和决定——积分标准多为胜者得3分，平局双方各得1分，负者得0分。于是，在循环制下，一支球队偶然的一两场失利并不一定会丧失争夺冠军的资格。这一赛制降低了偶然性，更能体现参赛者的真正水平。不过，循环制的缺点也很明显，在最后几轮的比赛中，既会出现成绩位居中游、胜负并不重要的球队消极比赛的现象，也会有已经出线的球队为了挑选下一阶段的对手而故意输掉比赛的情况。因此，现在单循环赛制下的最后一轮比赛往往会同时进行，目的就是尽可能地保证比赛的公平公正。

最常见的淘汰赛制是单败淘汰制，一支球队必须连续取胜才能获得冠军，例如各国的足总杯和世界杯第二轮比赛采用的就是单败淘汰制。此外还有双败淘汰制，不过在大型足球比赛中运用较少。由于淘汰制是一场定胜负，所以各支球队会更为重视，在场面上淘汰赛比循环赛也更为紧张刺激，也更加考验球队面对压力时临场应变的能力。正是由于淘汰制具有一定的偶然性，所以也给了实力相对较弱的球队“爆冷”的机会。当然，有的淘汰赛制下也会设种子球队或排名制度，以避免水平较高的参赛队伍过早遭遇，尽量保证实力最强的球队能在决赛会师。

044 教练对一支球队有什么作用？

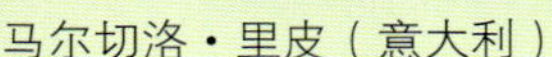

马尔切洛・里皮（意大利）

尤阿希姆・勒夫（德国）

路易斯・范加尔（荷兰）

从定义上说，教练担任着一支球队的管理角色，其重要性不言而喻，教练的作用主要有以下几个方面。

首先，教练担负着组织起一支球队的重任。一般在俱乐部队或国家队中，教练拥有绝对的选人用人的权力，他可以通过挑选任何合适的球员，形成最优化的组合，保障球队可以实现自己的战术思路和比赛的既定目标。在这个基础上，有些教练还几十年如一日地为球队培养年轻球员，使球队处于正常的“新陈代谢”中，防止出现青黄不接的情况。

其次，教练要负责球队平时的训练工作，保证训练的效果和质量。使得球员能在身体素质和足球意识上有所提高，更好地掌握所需的足球技术和与队友间的战术配合，并能在实战中发挥出来。同时，教练还会注意培养球员自主分析和解决场上问题的能力，毕竟在比赛中，通过教练大喊大叫来直接指挥不切实际，更多的时候还是需要球员的自主判断，这个能力也是需要通过教练平日的训练才能逐渐锻炼出来的。此外，职业球队中一般还专门设有助理教练、体能教练、守门员教练等职位，分工明确的教练在球队不同层面的训练中能起到更好的训练效果。

第三，教练作为比赛的实际指挥者，其对于比赛的作用分为三个阶段。比赛之前，教练需要收集对手的各项“情报”，对对手的排兵布阵、常用打法、球员特点等应了如指掌，并以此制定比赛方案，确定本队的上场阵容和战术打法。比赛时，优秀教练的临场指挥一定是沉着冷静的，并根据实际比赛情况随时要求球员执行各种战术，将球队组织成一个整体与对手对抗。比赛之后，教练还需要对比赛和球员进行总结和分析，及时作出客观评价，发现球队存在的问题，并在下一步的训练计划中有针对性地进行调整。特别是在球队失利后，更需要教练为球员树立信心，消除负面心理影响，让球员以最好的状态重新投入下一场比赛。

约瑟夫·海因克斯（德国）

045 女生也能踢好足球吗?

女生当然可以踢好足球!

早在19世纪80年代，女子足球比赛就在英国出现了。有记载的第一场正式女足比赛可以追溯到1895年3月23日——伦敦的南北女足对抗赛。据说，当时吸引了1万余名观众到现场观战。他们大多是出于好奇，很想看看女人是怎么踢球的。最终，北方女足7：1战胜了南方女足。

这场历史性的女足比赛结束后，曼彻斯特的一份报纸是这样评论的："女子足球的未来非常光明，值得整个世界期待。任何剥夺女人踢球权利的言论都是没有理由的。"

事实证明，这一评论是正确的。此后，女子足球运动在欧洲、美洲和亚洲等地迅速发展。1957年，第一届欧洲女子足球锦标赛在柏林举

TIPS 铿锵玫瑰

孙雯是中国女足辉煌时期的杰出代表，17岁时她就被招进中国国家队。她是1999年女足世界杯上的最佳射手，其顽强的作风和拼搏精神给广大球迷留下了深刻印象。2000年12月，孙雯和美国老将阿克斯同享“世纪足球小姐”的殊荣。

行。1971年，国际足联正式将女子足球列入发展议程。女足运动正式登上了国际足球舞台。

1991年，国际足联正式举办了第1届世界女子足球锦标赛，5年后，国际奥委会把女子足球列为第26届亚特兰大奥运会正式比赛项目。至今，女足世界杯已成功举办了6届，其中，中国作为东道主承办了首届和第5届的赛事。

中国女足在世界足坛曾经有过一段辉煌。1996年奥运会、1999年女足世界杯，中国队两次进入决赛。只可惜两次惜败于美国队，屈居亚军。但以孙雯、刘爱玲、高红、范运杰等为代表的一代“铿锵玫瑰”还是给中国球迷留下了深刻的印象。

女生想要踢好足球得做一些基本的准备工作。

首先就是体能上的训练。足球是一项高强度的运动，对耐力和爆发力的要求都很高。与男生相比，女生这方面的确会差一些，但这都是可以通过后期的训练来弥补和提高的。

接下来就是对球感的熟悉。除了对踢球、颠球、停球这些足球基本技术进行练习外，多跑到场上去碰球，才是最快培养球感的方法。

此外就是要多看多模仿了。不只是要看女足的比赛，还可以多看一些男足的比赛，将学习到的技战术在实践中领悟和提高。

参加足球这项运动可以很好地释放和调节工作、学习压力，同时还能学会团队协作，这个过程也是很美好的。

046 足球场上队员的位置有哪些？

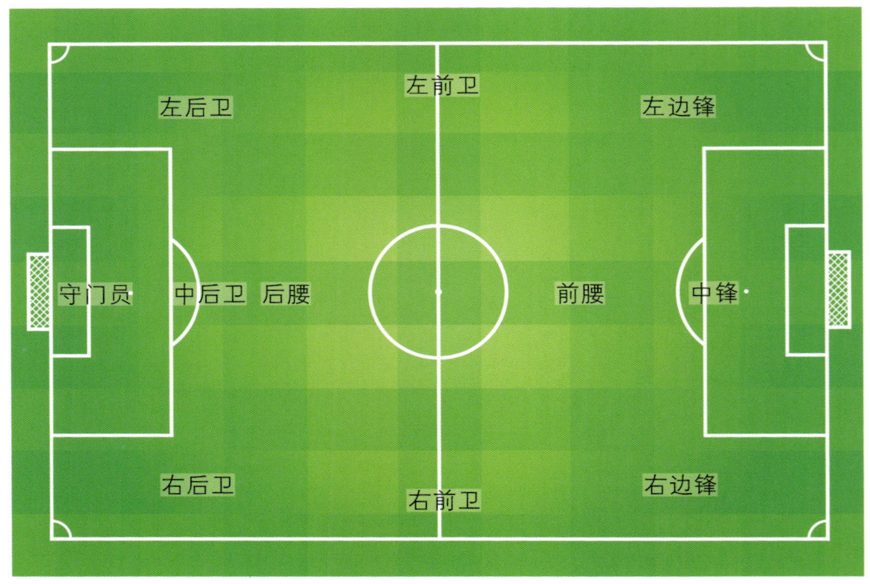

足球场上位置示意图

足球比赛是集体项目，场上的11名队员各有各的职责和位置，同时需要相互之间的协作和配合。

守门员

足球比赛中，守门员是唯一能用手触球的队员，但只限在本方禁区内，否则被视为犯规。守门员比赛服装须与场上其他任何球员不同，以便分辨身份。毫无疑问，守门员是场上承受压力最大、也是最关键的位置。所有队员都可以出现错误，唯独守门员的失误可直接导致失球。作为门前的最后一道屏障，门将的能力至关重要。一个优秀的守门员必须身手敏捷、反应迅速，有判断力及良好的扑救技术。此外，弹跳力和高大的身材也是一个优势。

卡西利亚斯（西班牙）　守门员

边后卫

边后卫，是负责球场两侧防守的球员。他们的主要任务是阻碍对方球员从边路的突破和传中。同时要求攻守平衡，进攻时能及时插上助攻，制造机会。在某些防守体系里，他们也会负责盯防。大多数边后卫都会后上助攻传中，令球队的进攻方式更立体。

现代的边后卫通常都要拥有高速度、铲截能力和充沛体力，以便在边路来回奔袭。在现代三中卫的打法中，两个边后卫往往还要适时突前，起到边前卫的作用。

中后卫

中后卫的位置处于守门员前方及左右后卫之间，是全队防守的核心，主要职责是阻止对方球员策动攻势并同时封锁在

罗伯托·卡洛斯（巴西）　左边后卫

大卫·路易斯（巴西） 中后卫

对方控球之下进入本方的禁区位置。中后卫的主要职责是以“人盯人”战术紧贴着对方的攻击球员，并负责弥补防线出现的漏洞。中后卫通常身材高大，头球能力和抢断技术出众。他们阅读比赛的能力也应该是一流的。大多数时候，处在重压下的中后卫很少选择控球或是传球，他们通常只是把球从危险区域解围。不过，一位优秀的中后卫所能做的往往不仅限于此，他们中的不少人往往还有一些个人擅长的其他技术（例如长传、定位球、插上头球攻门等）。

菲利普·拉姆（德国） 边后卫

清道夫

清道夫是足球比赛中承担特定防守任务的后卫，比一般后卫有更多的职能，例如把对方的传球清走。他们的位置较其他负责人盯人的后卫更具流动性，所以这个位置亦可称为“自由人”。

出任这个位置的队员必须比一般后卫拥有更高的比赛阅读能力。清道夫有时亦会负责策动反击，所以他的控球和传球能力亦比一般后卫的要求更高。但有时，他也只是纯粹地负责防守。

后　腰

后腰是指专门负责防守的中场球员，又称“防守型中场”，是后卫身前的一道屏障。后腰球员要求身体强壮，于中场负责阻截对手攻势，并负责场上调度，控制场上节奏，是球队攻防转换的关键人物。

加雷斯·贝尔（威尔士）　右边锋

前　腰

前腰，也被称为“攻击中场”“突前前卫”，专门负责组织进攻，为前锋制造机会，在适当时候送出手术刀般精准的传球。胜任这个位置的球员都拥有良好的控球、传球技术和阅读比赛能力，不少前腰还具备一脚远射的能力，经常实施冷箭，令对手难以防备。前腰队员往往是身披10号球衣的球队核心甚至灵魂人物。一个优秀的前腰，要求带动全队，组织球队的大部分进攻。

里贝里（法国）　前卫/左边锋

边前卫

负责球队中场左右各一边的防守，同时在进攻的时候穿插到对方两边底线进行传中，制造高空的威胁。防守时退回本方底线禁区区域外侧，以防对方突击。担当这个位置的球员一般都要有足够的体力、对抗力和冲击力。

前　锋

前锋是位于前场位置队员的称呼，可细分为中锋、边锋、影子前锋。他们通常埋伏在对方禁区前沿，伺机向对方腹地发动攻击。前锋需要具备优秀的无球跑动能力和出色的盘带突破技术。他们是球队进攻的第一线，前锋的主要职责是创造得分机会，争取破门得分。

马里奥·巴洛特利（意大利）　前锋

塞尔吉奥·阿奎罗（阿根廷） 前锋

中 锋

中锋是全队进攻的尖刀和主要得分手，是场上最靠近对方球门的队员。他们通常都身材高大，在前场也起到进攻支点的作用。中锋要求具有出色的门前嗅觉、精湛的射门技术和超强的头球能力，并能利用身体和力量护球，为同伴创造攻门机会。

边 锋

边锋亦是前锋的一种，主要活动在前场两翼。边锋不仅要承担边路进攻的职责，还要通过交叉换位完成多种战术任务。通常他们都会以速度或带球压过对方的边后卫，下底传中，为队友制造进球机会。边锋也可以自己突破到中路，射门得分，必要时还要参与边路的防守。

047 什么是“全攻全守”？

荷兰队历史最佳11人阵容

全攻全守是足球运动的战术之一。在1974年德国世界杯赛上，当时名不见经传的荷兰队展示了一种崭新的战略战术——全攻全守。这一全新的足球战术理论，被称为足球史上的第三次革命。在那届比赛上，荷兰队大放异彩。他们围绕克鲁伊夫创立的全攻全守打法让人目眩神迷。这种打法，球队始终保持着完整的队形，但队员们不再拘泥于固定的站位，每个人都根据场上的变化，灵活地进行交叉换位。进攻时如潮水猛涨，势不可挡；退守时如蛟龙潜底，暗藏杀机。虽然他们在决赛中负于东道主联邦德国队屈居亚军，但这届世界杯却被称作“荷兰人的世界杯”。

全攻全守的战术理论最早为荷兰阿贾克斯俱乐部所采用，由荷兰著名足球教练米歇尔斯从“4-4-2”阵形演变而来。他要求队员从跑动中创造机会，并且要求后卫敢于积极插上进攻。他将原来的双前锋变为单前锋，把原

荷兰“飞人”克鲁伊夫

被称为“梦之队”的西班牙巴塞罗那队

来的一个中场球员推上锋线，形成两个强而有力的边前锋。然后把中场组织交给三个中卫，接着把最后面平行站位的四个后卫位置推前，使大部分球员都集中在对方半场内参与进攻。

全攻全守，并不是表面上的全队一起进攻、一起防守，真正的精髓是控球技术和创造能力，将两者黏合起来的则是球员的超强战术意识和强大体能。全攻全守的战术打破了传统足球理论对防守和进攻的绝对区分，使进攻和防守融为一个有机整体，大大增强了球队的攻击性和整体性，使比赛变得更流畅、激烈，富有观赏性。

可以说，全攻全守战术是荷兰国家队的灵魂，从1974年至今，荷兰国家队曾多次使用这一战术。此后很多球队也采用这一打法，对全攻全守做出了新的诠释，使之得到了进一步的完善和发展。特别是有着“梦之队”之称的西班牙巴塞罗那队（巴萨），他们向全世界展现了一种华丽的攻势足球。在巴萨的攻防体系中，最核心之处就是控球，利用控球将主动权掌握在自己脚下，运用创造性和积极跑动制造杀机。同时整体防线压上，让对手只得龟缩在自己半场里挨打。这种新一代的全攻全守战术，让巴萨的进攻如同行云流水，酣畅淋漓。

048 后腰就只负责防守吗?

郑智（中国）

后腰是指专门负责防守的中场球员，又被称为防守中场。他在中场负责阻截对手攻势，然后适时将球交予队友，现在后腰多被看作是球队的核心。

本来这个位置的球员是被归为中前卫的，但是现在大家几乎已经忘记了中前卫这个术语。随着各个球队对防守重视程度的提高，单后腰已经比较罕见，各队多配双后腰甚至三后腰，其中至少要有一名抢断能力出色的球员。

后腰的主要任务是分球，或长传或短传。如果有机会就直接发动长传进攻，把球送到最危险的区域，直接助攻前锋球员得分。如果没有直接助攻的机会就把球传给边前卫或者边锋，也就是分边，然后前插接应。此时短传为主，长传为辅。如果遇到对方凶狠的紧逼无法准确出

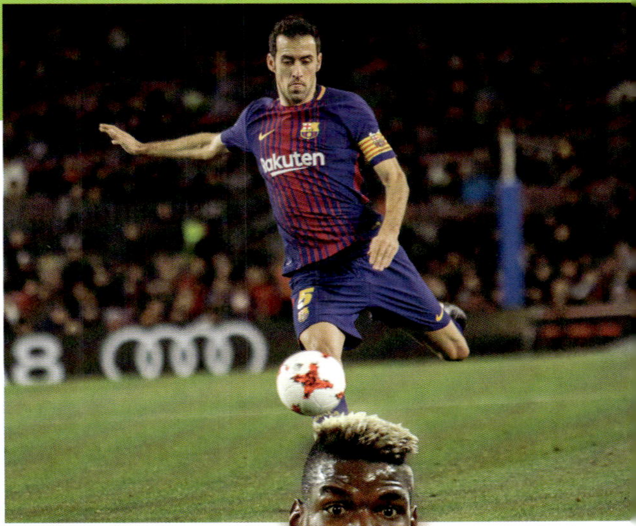

比达尔（智利）与布斯克茨（西班牙）

球，或者前面接应点都被看死，就横传或回传队友。

同时，抢断也是后腰的主要工作之一，保护后防线，遏制对方的突破。如果球一时抢不下来，就利用规则，合理进行犯规，延缓对方的攻势。毕竟这个位置的任意球威胁不大。

当代出色的后腰包括法国队的保罗·博格巴、西班牙队的布斯克茨，以及智利队的比达尔等。

保罗·博格巴（法国）

049 清道夫在场上扮演着什么角色？

清道夫是欧洲足球赛场上常见的一个防守位置。清道夫通常没有盯人任务，处于守门员和其他防守球员之间，“清理”所有穿越其他后卫的直塞球，弥补其他队友的过失。清道夫是快速而强壮的球员，虽然被允许自由移动，但是他们常常在后卫的身后，其工作就是填补后卫和守门员之间的空当，为其他后卫赢得回防时间。

使用清道夫能够增加球队的防守深度和覆盖面，因此可以使球队的边后卫大胆压上，支援进攻。一个好的清道夫必须动作迅速而且善于断球。

现代足球的趋势是以采用区域防守和造越位的“平行四后卫”取代清道夫。虽然以前清道夫是用来补充人盯人防守体系的，但是清道夫也可以使用在区域防守体系中。在区域防守体系中，清道夫的位置不像其他有明确盯防任务的后卫那样固定，而且清道夫阅读比赛的能力也比一个普通中卫强得多。

进攻型清道夫（自由人）在球队进攻时会自由插上助攻，有时甚至活跃在后卫

德罗西（意大利）在2012年欧洲杯上客串担任清道夫，表现出色

TIPS 弗朗哥·巴雷西

弗朗哥·巴雷西被认为是有史以来最出色的防守型清道夫。巴雷西长期担任意大利国家队和俱乐部球队AC米兰队队长，是队中的防守中坚和灵魂人物。他在场上活动范围大，意识无与伦比，补位及时，对方的传中球他几乎都能恰到好处地予以阻截。处理险球冷静有效，大脚长传落点极准，是后场发起进攻的能手。有他在，整支球队就会有种踏实的安全感。1997年6月24日，巴雷西正式宣布挂靴。AC米兰队也收起了伟大的6号球衣，因为除了巴雷西，任何人都没有资格再穿上它。

线之前。自由人要比纯粹的中卫或者清道夫具备更好的控球和传球能力，以便组织快速反击。大家最熟悉的自由人就是德国的传奇巨星贝肯鲍尔。

现在，由于具备了战术层面——阅读比赛、预判、位置感、抢断和技术层面——传球、视野的能力，很多中卫都可以把球带出危险区域并组织反击，因此只有很少的球队还在使用清道夫战术。一些球队表面上使用平行四后卫的防守阵形，实质上其中一人就是在扮演清道夫的角色。

050 自由人和清道夫有什么区别?

自由人是足球运动中的说法，是从清道夫延续发展出来的一种踢法，属于拖后中后卫的别称，又被称为进攻型清道夫。

此前，足球比赛中的清道夫只守不攻，仅执行单一的补位防守任务。在1970年墨西哥世界杯半决赛前，攻守兼备、组织能力极强的联邦德国队的“足球皇帝”——后卫贝肯鲍尔，向教练建议，希望赋予自己更大的活动自由，能够根据场上的形势适时灵活地进攻或防守，有效组织全队的攻防节奏。贝肯鲍尔的这一建议马上被主教练采纳。同时贝肯鲍尔在这场比赛中有着杰出的表现，并亲自冲入禁区攻进一球，将联邦德国队送入决赛。

自此，足球史上的新名词——“自由人”就诞生了。

足球皇帝——贝肯鲍尔（德国）

传统的清道夫仅仅是球队的最后一道防线，但自由人却是整个球队中可以出现在任意位置的球员，是组织和指挥防守的核心，也是球队进攻的发起者。所以担任自由人的球员必须具有过人的智慧和冷静的头脑，能尽快地了解整场赛事的形势，可以有效指挥防守，并时刻准备在防线被突破时采取必要的行动破坏对方的进攻。

萨默尔（德国）

自由人在防守时要随机应变地看守对方任何一位进攻球员，要机动灵活地补位救险，从而使其他球员，特别是其他后卫在盯人时无后顾之忧。自由人同时也负担着组织球队进攻的角色，因为其处于球场的后方，能够洞悉全场形势，必须有把握机会，组织起有效进攻的能力。

在1974年第十届世界杯大赛上，清道夫打法风靡一时，大部分球队都采用了一名清道夫加数名中卫的后场来加强防守，但此届世界杯更是自由人的辉煌时代。足球皇帝贝肯鲍尔率领联邦德国队击败了当时“全攻全守”的代表——荷兰队，夺得世界冠军，“自由人”随着创始人贝肯鲍尔一起被载入史册。

自由人可任意在全场范围内活动，关键时刻能突然插上，打破场上攻守平衡。因此球员必须体能充沛，攻守兼备，并具有良好的意识和极强的组织能力，还要有丰富的比赛经验。由于自由人的综合素质要求如此之高，使得能够胜任的人少之又少。自贝肯鲍尔之后全世界再无可与之相提并论的自由人，其间虽曾有过伟大的巴雷西，但他的角色更像一名传统的清道夫。直到20世纪90年代，天才萨默尔以自由人身份问鼎欧洲金球奖，能与贝肯鲍尔比肩的自由人方才出现。

051 足球比赛中应该怎么跑位？

在一场90分钟的足球比赛中，属于球在不断移动的净比赛时间大约只有60分钟。平均下来，一名球员的控球时间仅2分钟。其余的时间，球员需要根据场上的形势变化不断地跑位。球员在不持球的状态下，以摆脱防守球员或创造进攻空间为目的的跑位称为无球跑动。

优秀的球员很会阅读比赛，他们似乎总能出现在最应该出现的位置。跑位的好坏是衡量球员足球意识高低的主要标准之一。

足球比赛中主要有3种基本的跑位方法。

TIPS　“小猪”施魏因斯泰格

施魏因斯泰格作为德国国家队队长和德甲巨人拜仁慕尼黑队副队长，是球队中场的组织核心和攻防转换的节拍器。因其姓名中开头“Schwein”在德语里是“小猪”的意思，所以队友和球迷们都喜欢叫他“小猪”。久而久之，“小猪”就成了大家对施魏因斯泰格的爱称了。

克洛泽（德国）之所以能成为世界杯大赛的得分王，与他出色的跑位是分不开的

套边跑 这是一种跑动球员从持球球员身后插入外侧的跑位方式。这种跑位方式常常被用在边前卫和边后卫的配合中——当边前卫拿球时，边后卫利用对手上前防守背后留下空当的时机，从边前卫身后插入助攻。此战术在注重边路进攻的球队中经常可以看到，著名球星卡洛斯、卡福、格罗索等都是套边的好手。

身后跑 顾名思义，就是进攻球员直接插向防守球员身后的跑位方式。前锋在中路配合进攻时经常使用这种跑位方式。当前锋插向防守球员身后时，中场球员就要看准时机将球塞给前锋，以直插对方防守要害，给予致命打击。由于中路往往是各支球队的防守要地，大家都会囤积重兵，所以这种直塞的成功率一般不会很高，需要跑、传球员之间有很好的默契。

斜线跑 斜线跑是以近似球场对角线进行跑位，分向外斜线跑和向内斜线跑。向外斜线跑的主要目的是在一侧边路进攻无法进行的情况下，将球转移至防守薄弱的另一侧边路。这种战术在比赛中运用较多，考验的是球员传球落点的准确性。向内斜线跑主要是在反击中，跑位球员向带球球员靠拢时所采用的战术。

052 踢足球为什么要穿足球袜？

长长的足球袜和我们平时穿的短袜不太一样，可别小看了足球袜，一双好的足球袜能让球员在球场上有更佳的表现。

足球袜最大的作用就是保护皮肤——不仅是小腿部位的皮肤，还有脚底的皮肤。在做出铲球或倒地救球的动作时，小腿外侧的皮肤会与地面产生摩擦，如果没有足球袜的保护，小腿接触部位的皮肤会很容易被划破，流血受伤之外更有感染细菌的危险。穿上足球袜就可以起到很好的保护作

TIPS 时尚界的足球袜

足球袜不仅是绿茵场上的一道风景，在日本，足球袜已经成为青少年的潮流单品并广泛流行。如今时尚界运动风大行其道，过膝的长度加上袜子的条纹设计让其本身拥有动感与活力，同时也兼备干净与清爽。因此年轻人喜欢把它和其他时尚服饰混搭穿着，尽显青春个性。

用，即使有所损伤也只是牺牲了一双袜子。

有别于普通的短袜，足球袜在足底部分一般都会做不同程度的加厚处理。这是因为在踢球的时候，会有很多突然加速、减速、变向等技术动作，尽管合脚的足球鞋已经很适合脚部形状了，但脚底总免不了会和足球鞋产生摩擦和相对位置的移动，这种高强度的“位移”会损伤脚底的皮肤，产生水泡或脱皮，影响球员发挥。厚厚的足球袜底就可以很好地避免这种“位移”的发生，防止一场比赛下来出现脚底布满水泡的情形。

足球袜一般都比较紧，这是出于两个目的：一是要帮助球员绷紧小腿肌肉，防止比赛中出现肌肉拉伤；二是要很好地包裹住护腿板，保持护腿板在小腿前侧的位置，减少身体接触对护腿板的影响。此外，棉质的足球袜既可以吸收汗液，保持小腿和脚背的干爽，还有一定的保温作用，尤其是冬天温度较低时对膝盖和小腿肌肉有很好的保暖作用。当然，对于裁判来说，不同颜色的足球袜也是方便他区分不同队伍的一种方式。

053 为什么足球鞋会有鞋钉？

球迷们称足球明星脚下的足球鞋为“战靴”。说起足球鞋，其最鲜明的特点就是鞋底配有鞋钉，因为足球运动是在草坪上进行的，而且在踢足球的过程中，运动员要经常做突然起动和急转、急停的动作，穿上钉鞋有利于增加抓地力，为运动员更好地完成技术动作提供帮助。

史上最早的一双“足球鞋”诞生于1526年，之所以能够被载入史册，是因为这双鞋的主人并非寻常百姓，而是英国都铎王朝的第二位国王亨利八世。当时，亨利八世花费了8先令（当时的货币单位）打造了这双具有里程碑意义的足球鞋。

19世纪中后期，现代足球运动有了很大发展。1904年，国际足联成立，足球运动在全球范围开始建立统一的规范标准，足球鞋的发展也同步开始。最初，足球鞋并没有统一的规定，有的靴子甚至重达一斤多，外表的材料也不尽相同。于是，比赛中也时常出现因为运动员的球鞋不

TIPS 经典回顾

1954年瑞士世界杯决赛前夕，滂沱大雨使足球场如沼泽般泥泞不堪。联邦德国队穿上有嵌入式鞋钉的球鞋从容应对，而匈牙利人只能在湿滑的泥地中奋力挣扎。最终，德国人捧走了世界杯。

合适而受伤或导致对方受伤的情形。

20世纪初期，开始有了规模化生产的专业足球鞋。进入20世纪中期，德国的两兄弟改变了足球鞋的定义，也创造了如今享誉全球的两大运动品牌阿迪达斯和彪马，这就是达斯勒兄弟。他们创造了可替换式鞋钉，把足球鞋的鞋身和鞋钉分开。鞋钉可以旋入鞋身拧紧，使球员在比赛中可以根据不同的场地条件来更换恰当长度和材质的鞋钉。这大大提高了足球鞋在足球比赛中的作用。两兄弟从联手经营到分家对抗，在足球鞋方面潜心研发，同时在营销方式上也不断创新和尝试。

阿道夫·达斯勒不光发明了可拆卸防滑钉的球鞋，还把球鞋的重量减了下来

1954年，阿道夫·达斯勒设计出了历史上第一双低腰、柔软、轻便的足球鞋，它带有尼龙材质的旋转嵌入式鞋钉，这种足球鞋成为足球鞋历史上具有革命性意义的一次重大突破。自此，足球鞋的外观基本定型，一直到现在，市场上的最新款足球鞋也是以这种模式来进行改造的。

054 如何停好球？

要停好球其实并不难，涉及的原理也很简单，就是在停球的瞬间让触球部位有个顺着球前进方向移动的动作，以减缓球的冲力，达到停下球的目的，就像我们用手接别人扔过来的东西，顺势缓冲一样。

停球的方法以接球身体部位的不同，可以分为7类：脚底停球、脚内侧停球、脚外侧停球、正脚背停球、大腿停球、胸部停球和头部停球。根据球的活动状态可分为停地滚球、停反弹球和停空中球。

在停球时，首先应该看清来球离地的大概高度，然后考虑是用胸、

大腿还是脚来停球。其次是要选用正确的身体部位做出停球动作，尽量把球停在距离自己做下一个动作最合适的位置。

停球一般从原地停球训练开始，一定要使接触球的部位越宽越好，这样可以减小缓冲难度。停球时，要顺着来球的方向做出缓冲动作。

胸部停球时，人要面向皮球，用胸部两边肌肉最厚实的地方做停球部位。接触球的一刹那，腰以上部位迅速后仰形成缓冲，然后立即调整身体，以最快的速度重新控制球。大腿停球时，大腿需稍微抬起，在接触球的同时，胯部肌肉带动大腿后撤，停球的那只脚着地，缓冲皮球的动能，尽量把球控制在停球那只脚的方向，以便于着地后迅速蹬地追球。

055 怎样才能带好球?

拉希姆·斯特林（英格兰）

带球是足球运动的基础，它是球员在跑动中用脚的推拨动作有目的地使球保持在自己控制范围内而做出的连续触球动作。

带球动作一般由支撑脚踏地后蹬、带球脚前摆触球和带球脚踏地支撑三个阶段组成。首先是支撑脚踏地后蹬。这个动作的目的，一是推动人体重心前移，二是支撑身体平衡使带球脚能离地提起，完成推拨球动作。支撑脚尽量缩短支撑时间，积极后蹬前摆，可以加快跑动速度。其次是带球脚前摆触球。前摆触球的目的，除了给球施加作用力使球产生位移，还可以通过不断调节触球力量、部位、方向和触球时间，来更好地控制带球路线。最后是带球脚踏地支撑。踏地支撑一是为了带球脚在完成推拨动作后立即踏地，以保持身体平衡，二是使人的身体产生位移。

想要带好球，可以参考以下这几个技巧。

带球时，由于带球脚完成推拨球动作，会破坏连续跑动的结构和习惯性平衡，必然会影响移动速度。所以，当比赛中需要快

埃登·阿扎尔（比利时）

速推进、前方又没有对手阻挡时，就没有必要每次带球都推拨一次球，可以触球一次，快跑几步，再触球一次，这时推触球的力量就可以大些，做到球快人也快。

带球时，可以采用脚背内侧和脚内侧推拨球，或者采用脚背正面和外侧触球，与跑步动作协调起来。脚内侧和脚背正面接触球的面积相对比其他部位大，因此推拨球时，容易掌握球运行的方向。当比赛中需要快速推进时，应采用脚背正面或外侧触球，甚至脚尖捅球的方法。带球过人时，带球脚很难再起到蹬地起动的作用，因此，带球脚的主要任务是完成拨、拉、扣、挑等动作。带球脚触球的部位和作用力的方向不同，会使得球运行的方向也不同。一般直线带球采用脚背正面或外侧，曲线带球采用脚背内侧或外侧。

带球脚触球的作用力不通过球心时，球体会产生旋转。当球刚离脚时球速很快，由于流体力学的原理，球的上沿空气流速快，球的下沿空气压力大，且需克服地面摩擦力，因此球速很快减慢。为了不使球离自己太远，也会采用回旋触球的方法。当球产生侧旋时，不仅球速有所减慢，而且球会由直线运行变成弧线运行。

056 绿茵场上有哪些过人绝招?

齐达内（法国）

足球场上能令球迷兴奋不已的不仅仅是进球和流畅的配合，还有眼花缭乱的过人动作，在此我们列举几种知名的过人绝招。

马修斯假动作

顾名思义，这个假动作的创始人就是英格兰球员马修斯。马修斯假动作的过程是：以右脚内侧把球向

罗德里格斯（哥伦比亚）

罗纳尔迪尼奥（巴西）

罗纳尔多（巴西）

左侧推拨，身体同时向左倾斜，做出攻击对方右侧的假象，在对手被欺骗、重心向右移动时，右脚迅速移至球的左后方，用右脚外侧将球向对方左侧推拨，然后向前带球突破对手。这种过人动作实用性很强，适合单挑，但不熟练的话很容易被看穿，动作的迅速与准确是成功的前提。

踩单车

说到踩单车，当今世界上用得最多的就是C罗了。踩单车是指双脚不断在球的四周快速绕圈做假动作，两只脚轮番在球的上方迈来迈去，以此迷惑对方来突破过人。这种技术易于掌握，最早是由巴西队的多名球员发明的，因为动作类似骑单车而得名。具体方向有向左、向右、向前等，这个技巧虽然容易掌握，但在实战中实用性不强，属于比较花哨的动作。

脚后跟磕球过人

带球时，先用左脚后跟从皮球前方磕球，迫使球瞬间停止，再用右脚将球踢向右前方，可以在受到对手正前方拦截时迅速摆脱对手。不过，这种过人动作容易“磕”到自己，也需要大量练习才能掌握。

拉　球

横拉球的方法是，先用右脚外侧将球外拨，再用左脚内侧接上同向拨球。当然，同理也有后拉球。这是最基本的过人技巧。

伊涅斯塔（西班牙）

伊布拉希莫维奇（瑞典）

穿裆过人

穿裆过人就是利用对手双脚间的空隙，快速将球从对手身下踢过，当然也还有穿裆射门。在使用这一技巧时，除了要把握好时机，防止对手补位之外，切记要注意球的高度。

牛尾巴过人

这是巴西球星罗纳尔迪尼奥的代表性过人动作。单脚在瞬间快速地分别用外脚背和内脚背触球，这就是所谓的“牛尾巴过人”，它通过假动作使对方防守球员失去重心而完成过人。比起马修斯假动作，这个动作刚好相反。牛尾巴过人是虚右实左，先往右拨骗取对手重心移动后再往左侧扣，而马修斯假动作则是先用右脚内侧往左扣，再突然用外侧往右拨球来形成突破。相比之下，牛尾巴过人的“神龙摆尾”，技术难度更大一些。需要球员急速转移重心，右脚不但要完成外拨、内拨，还要踩地发力起动。

马赛回旋

马赛回旋来自马赛出生的法国球星齐达内，并且是他把这个动作精进后发扬光大，为人们所熟知。这是一个脚法华丽而又实用的个人摆脱技巧，是指在正向带球过程中以两个180度旋转顺势转身摆脱防守者，再进行传球或是继续带球推进。整个动作需要一气呵成，尤其在双方看似均等得球机会的情况下，马赛回旋能出其不意地占据主动。这种过人动作脚法华丽，实用性强。不过，尽管马赛回旋易学易会，但想要在实战中用好它并不容易。

挑球过人

挑球过人一般使用后跟挑球的方法：右脚跨到球前，脚后跟贴牢球的前部，左脚脚背靠脚尖的部位触球将球顶起来，右脚后跟顺势一勾，球就会从自己的头顶飞过对方，实现突破。在进行挑球过人时，要注意对手的补位和卡位，这些都是挑球过人的“克星”。

假动作（“假传真过”或“假射真过”）

假动作的方法是，先用左脚佯装射门或传球，在对手做出反应时，立刻用右脚将球外拨，从而达到欺骗对手、摆脱防守的目的。在禁区内，此招屡试不爽。曾经有一位皇家马德里队的球员用假射这一招在门前骗过了4位球员，甚至还包括守门员。

当然，要骗过对手的，不仅是你的脚法，有时也可以是目光。

本泽马（法国）

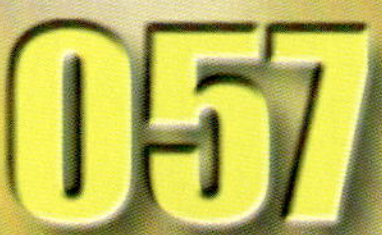

头球技术有哪些要领?

在足球运动中，头球是用头的前额部分，以身体带动头部摆动击球，多用于攻门和头球摆渡。头球主要考验球员对球的落点的判断，其要领需要在练习和实战中逐渐掌握。从技术上看，无外乎要注意四个部位的协调与配合。

首先当然是头部。注意要用前额正面顶球。可以在球距离额头差不多一臂距离时开始做出顶球动作，注意触球时要收下颚并且千万不要闭眼——睁着眼睛才是对自己最好的保护，否则不仅判断不好球的落点，要是顶在眼睛、鼻子上还会造成一定的疼痛感。

第二是控制手臂。手臂在头球中可以起到保护自己的作用——头球时双臂张开、抬起，可以有效地避免在空中与对手发生头部的碰撞，防止受伤。当然，控制手臂的另外一个目的就是避免犯规，防止出现伤害对手的情况。

第三是控制腰腹动作。腰腹用力是与头球一起完成的，想要使头球既有方向又有速度，就需要很好的腰腹爆发力。

最后是双脚的控制。空中争抢头球时，需要双脚蹬地跳起。原地头球时双脚一般采用前后站立的方法，这样能够保持重心，在实战中也便于移动并判断落点。

058 如何踢好远距离长传球?

TIPS “范式助攻”

有时“传球大师”并不总是中场组织者，在2011年英超曼联队与阿斯顿维拉队的比赛中，开场仅49秒，鲁尼就为曼联队打开了胜利之门。为其送出精准长传的是门将范德萨。

当时曼联队获得后场任意球，范德萨突然看到正在前插的鲁尼，迅速向准备主罚的队友示意，自己立刻上前，一脚纵贯近70米的长传球准确送到鲁尼身前，鲁尼舒服地将球停下，同时用身体倚住贴身逼抢的后卫，接着右脚凌空抽射，球呼啸钻入球门。范德萨在比赛中屡屡上演的这种超远距离的精准长传，被球迷们戏称为“范式助攻”。

想要踢好长传球，必须先明白长传球的作用——越过对手防线，把球送到队友脚下或进攻区域。因此，长传球追求的是落点的精准，而不是极快的球速或飘忽不定的线路。

练习长传需要具备一定的基本功和球感，传球时首先要选好支撑脚的位置，尤其是跑动过程中，长传球之前支撑脚应该位于球的斜后方。正确的站位可以让踢球腿摆到最低点时自然踢到球，如果支撑脚位置不够正确，是无法踢出准确的长传球的。具体的触球点则需要根据落点计算一下，一般都是在球的中下部，踢球的一刹那看准触球点，争取踢到所瞄准的点上，如果力度准确，可以很精准地控制球的方向和距离。

至于踢球的部位，长传球和定位球不同，一般使用脚背踢球——用整个脚背包住足球，让球在空中飞行过程中不会发生较大的旋转。这是因为长传球不需要球在飞行过程中有一个水平方向上的旋转，也不需要快速下坠或空中变换飞行轨迹，能让队友更好地接到球、降低判断落点和停球的难度才是好的长传球。如果能踢出向后旋转的长传球是最好了，因为这样球落地后会有一定的减速过程，避免队友浪费体力去冲刺追球。当然，如果你拥有像贝克汉姆那样大师级的脚法，偶尔踢出一些带有弧线的长传球也是不错的，但始终要注意控制球的落点，毕竟这是一记传球而不是射门。

059 铲球很危险吗？

铲球是足球技术中抢截球的一种，它利用倒地时脚或腿的伸、扫、蹬、勾等动作进行抢截或控球、传球、射门等。一般在来不及用其他方法触及球时使用，具有快速、突然的特点。铲球的技术要领包括抢截时突然倒地滑行，用脚或腿把对方控制、传出或即将接到的球破坏或截获。合理的铲球有正面铲球和侧后铲球之分，既可以用脚掌铲球，也可以用脚尖或是脚背铲球。应该说，铲球作为专业的足球技术，合理运用

TIPS　恶意铲球终止球王世界杯之旅

1966年英格兰世界杯小组赛中，葡萄牙队与巴西队相遇。葡萄牙人严格遵循了“处理贝利就能处理巴西”的理念，而这一理念场上的执行者即是莫莱斯。当时贝利在禁区前一系列舞步被葡萄牙后卫侵犯后，踉踉跄跄中仍坚持对球的操控，莫莱斯突然横向杀出，连续两记飞铲把贝利踢向空中，这也让球王的1966年世界杯之旅就此停止。莫莱斯的粗暴犯规甚至让贝利立誓再不参加世界杯赛，幸亏1970年球王回心转意，重归巴西队，并完成了永留“雷米特杯”的伟业。

的话是不会有危险的。

但在足球比赛中，经常会出现铲球造成的意外伤害，这往往是由于球员不注意技术动作或盲目使用铲球技术而造成的，当然有时也会出现恶意铲球的情形。在铲球时，必须要保证双方的安全，注意不要双脚离地（俗称“亮鞋底”），也不要正面冲撞铲球——容易让自己受伤，更加不要从正后方铲球——这是会被判红牌的动作，会给对方球员造成严重伤害。

根据2015年的一项数据统计，法甲的朗斯队是欧洲五大足球联赛中铲球最频繁的球队，以场均铲球83次高居榜首。里昂队（法甲）、霍芬海姆队（德甲）、洛里昂队（法甲）和梅斯队（法甲）则并列第二位，这几支球队场均铲球82次。令人意想不到的是，排名第三的球队是意甲的AC米兰队，曾经球风优雅的红黑军团如今平均每场有81次铲球。至于这个数据的榜尾，桑德兰队和莱万特队虽然是最不愿意进行铲球的队伍，但平均每场比赛也有71次铲球。由此可见，铲球作为一项实用的技术，在职业比赛中经常会被用到，对于业余比赛来说，在可以保证双方安全的情况下，合理使用铲球技术能让比赛变得更为精彩激烈。

060 踢球时怎样保护自己，避免受到伤害？

足球是一项对抗性很强的运动，球员间的肢体冲突有时会给身体带来一定的伤害。我们可以通过事先准备，以及养成良好的运动习惯来自我保护，避免受伤。

足球比赛前最重要的一点就是要认认真真地做好热身运动。除了活动一下每个关节、韧带以免扭伤外，还可以做一些大的舒展动作，防止肌肉拉伤。天气比较凉的时候，可以在微微出汗后再更换正式比赛服，这样可以保证身体处于一个最佳状态。

上场踢球前，各种护具也是不可缺少的，如护腿板、护踝、护膝等，尽可能地保证重要的关节都被保护到位。

TIPS　范巴斯滕因伤退役

1993年5月26日，欧洲冠军杯决赛中，马赛队博利的一次恶意犯规最终使得范巴斯滕旧伤复发痛苦倒地，从此再也没能回到赛场上来。1995年8月17日，范巴斯滕拄着双拐，向球迷挥手告别，属于范巴斯滕的时代戛然而止。野蛮的铲断，过早地断送了一代天才射手的足球生涯，爱才如子的前国际足联主席阿维兰热目睹范巴斯滕的遭遇也深感愤怒。在他的提议下，国际足联有关部门制定了新的规定，对球场上野蛮铲球的做法进行严厉惩罚，如果防守球员从背后铲人犯规，将被处以“极刑”——红牌罚下场。

如果在热身过程中感到疲乏、焦虑或长期有时断时续的肌肉酸胀、疼痛，必须停止热身，及时找医生检查，否则小伤会酿成大伤。特别是软组织损伤，如果处理不当，轻则造成慢性损伤，重则留下不同程度的功能障碍。

当你带球进攻，面对防守球员时，不要过于执着，多选择传球和队友打配合，这避免了许多让自己受伤的可能，还可以节省一部分体力。当你防守时也一样，不要过多地拼抢和铲球，要注意封堵对手的传球线路。如果只是单纯的足球游戏，大家保持一个快乐的心情，不需要过多胶着地拼抢，做到随时注意自己周围，既可以保护住球，打好配合，又可以保护自己和他人不受无谓的伤害。

在比赛中，在有可能发生身体碰撞或争顶前尽量绷紧全身的肌肉，这一点非常重要。当你被冲撞或被侧后方铲球绊倒，或头球争顶失去重心时，倒地的瞬间要快速翻转身体，尽量以肩部侧面大块肌肉群主动倒地，着地后顺势连续翻滚，化解受到的冲力，翻滚中也以肩部肌肉为着力点。整个过程中千万不能放松肌肉，此时讲究的是“顺势”而不是抵抗。千万不能用手掌或肘部去硬性支撑，这有造成骨折的危险。

061 小贝的香蕉球是怎么踢出来的？

弧旋球又称“弧线球”“香蕉球”，是指足球踢出后，在空中向前并作弧线运行。这一踢球技术常用于攻方在对方禁区附近获得直接任意球时，利用其弧线运行状态，避开人墙直接破门得分。

自从贝利1966年在英国世界杯上踢出了第一个“美丽的弧线”后，“香蕉球”便成为越来越多大牌球星们的基本功和拿手戏。被誉为“万人迷”和“英格兰圆月弯刀”的贝克汉姆一次

TIPS　球星档案

大卫·贝克汉姆，1975年5月2日出生于英国。他于1999年当选欧足联最佳球员，2001年被评为英国最佳运动员。贝克汉姆足球职业生涯先后效力过曼联、皇马、洛杉矶银河、AC米兰和巴黎圣日耳曼等俱乐部，共代表英格兰队出场115次，打进17粒进球，其中58次担任球队队长。

幽雅的“贝氏弧线”

次用优雅的“贝氏弧线”博得世界的喝彩。贝克汉姆擅长用内脚背主罚任意球，使皮球以悦目的内旋弧线向对手的大门死角飞去。为了提高球速，他必须扭摆全身，让身体完全倾斜来增大皮球的内旋速度，因此也有了我们常见的贝氏任意球主罚姿势。

“香蕉球”为什么会在飞行中拐弯呢？这得先从流体的粘滞性说起。当我们把手伸进水中再拿出来时，手的表面会粘上一层水，同样，足球在空中飞行时表面也会附着上一层空气。“香蕉球”本身的旋转会带动其表面的空气层同时旋转，一侧空气层转动的速度和球前进方向上的速度叠加，使得迎面气流受到较大的阻力，而球的另一侧情况恰恰相反，自转线速度和前进速度相互减弱，从而使球的两侧气流相对球的速度不同。根据伯努利原理，相对于足球的平动而言，空气流速度大的一侧会形成一个低压区域，而另一侧则形成高压区域。足球两侧的压力差导致球受到一个从高压区指向低压区的合力作用，这个合力最终使球偏离原有的直线运动方向，在空中形成一道美丽的弧线。

062 电梯球是怎么回事？

“电梯球”是指球员用脚背内侧踢出的旋转很小、但在球门前会突然变线下坠的“S”形任意球。擅长这种踢球方法的代表人物有哈斯勒、阿尔贝蒂尼、皮尔洛、C罗、德罗巴等。C罗本人将自己的电梯球命名为“战斧”，他的战斧式射门时速往往超过100千米。

电梯球产生的物理原因可以用马格努斯效应来解释：当一个球体在飞行时，速度越快，直径越小，其晃动的频率就越高，所以在球疾速运动时，它在气流中有一定摆动，会有点飘忽不定。并且，由于球自身旋转速度很小，踢球的力量几乎全部作用在了前行方向所需的动能上，皮球凌空的瞬间就获得了很高的速度，刚开始皮球是直线前行的，但随着空气作用，皮球的任意一个位置都能产生气压差，这就直接导致球的运动线路发生变化，产生忽左忽右，甚至忽上忽下的变化。

C罗能够不断凭借电梯球进球，很大原因和他的招牌踢球动作有关。每次射门前他都会目测好球到球门的距离，然后跑动过程中在触球前有个习惯性的停顿动作，用来给右脚小腿铆劲，瞄准部位后再猛然发力。C罗的体能教练认为，他在踢球时，肩膀和两胯之间的角度相当精准，所以严格控制了踢球点和球运行的方向。

想要踢出电梯球，就需要用脚内侧触球，同时小腿发力，击球点在球的中下部。多加练习，就会发现球的轨迹会变得先上升再下降了。训练电梯球需要多提高小腿力量，使小腿发出足够的力量才能踢出漂亮的电梯球。此外，记得触球点一定要在球正中心靠下的部位，否则会产生旋转。

TIPS C罗的“电梯球”

C罗的老对手——美国门将弗里德尔表示：“C罗是当今足坛水平最高的超级巨星，他能用任何一种方式破门得分，不过让门将最为头疼的还是他的任意球。从我过去面对他时的经验来看，他会先用脚去踢皮球气嘴靠右侧的部分，然后在中部发力，这样能确保球向上方旋转，这样的踢法有点儿像打网球。他的脚踝相对静止，但脚是灵活移动和发力的，用这样的方式踢球需要很大的勇气。”

倒钩射门是众多精彩射门方式中最耀眼的一种。因为球员踢球时的姿势犹如一把倒挂的长柄金属钩，所以又被称为“倒挂金钩”。当射门球员背对球门，深陷重围，转身调整已经来不及了。于是，灵光一闪，急中生智——只见他面向队友的传球高高跳起，向后空翻，使自己形成在空中仰面上躺的动作，然后起脚发力，直接倒钩将球射入球门。

然而，当这样精彩的射门得分第一次出现在世界杯赛场上时，却并不被一些人认可。这一历史性时刻出现在1938年法国世界杯上，巴西队的前锋莱昂达尼斯成了第一个在世界杯上使用“倒挂金钩”破门的球员。可惜的是，当值主裁判因为不理解这种超常规的射门方式而草率将进球判为无效。而莱昂达尼斯首创倒钩射门这项绝技，还是在更早的1932年4月24日的巴西国内联赛上。所以他被世界足坛奉为“倒挂金钩之父”。

倒钩射门是打破常规的激情迸发，是球场上的神来之笔！危急时刻，不是手忙脚乱，手足无措，而是聚集身体中所有的能量，勇敢出击。倒钩的技术含量非常高，仅有想法和激情是不行的。它对身体的协调程度，颈椎、脊椎、骨盆等部位的抗摔打程度都有很高的要求。同时

TIPS　球王贝利的经典倒钩

球王贝利出神入化的技术和超凡的破门得分能力都为世人所赞叹。他最有特色的个人技巧是“倒挂金钩”。贝利曾经在一部与第二次世界大战有关的电影《胜利大逃亡》中扮演球员角色。影片中，扮演同盟国足球队前锋的贝利在同纳粹足球队的比赛中打进了一粒精彩的倒挂金钩。这记射门被誉为是对“倒挂金钩”最完美的诠释。

要有很好的脚感，吃准击球点。如果技巧不够，反会弄巧成拙。因此，倒钩这项技术必须经过长久的练习、认真的准备、雄厚的技术积累，才能在实战中破釜沉舟，全力一搏！

倒钩射门一般都是进攻球员在对方禁区门前混战时所采用的。然而在2012年11月14日，瑞典队同英格兰队的一场国际比赛中，瑞典队的前锋伊布拉希莫维奇一脚距离球门33米的远程倒钩破门，技惊四座。现场观战的前英格兰队主帅泰勒目瞪口呆，禁不住高喊：“他居然在那里射门了，33米！他用一记倒钩彻底打败了英格兰队，这绝对是我这辈子见过的最漂亮的进球，他的进球将被记入史册，有资格比肩那些传奇。”伊布的这粒远程倒钩堪称足球史上的最佳破门之一。

最后还要强调一点。倒钩射门具有一定的危险性，业余球员切勿不顾身体条件和场地条件盲目模仿。

064 守门员扑点球只能凭运气吗？

点球的时速往往超过100千米，职业球员踢出的点球时速甚至可以超过150千米，而人的反应时间是0.2秒至0.3秒，想要在11米左右的距离正确判断球的运动方向并做出扑救，对于守门员来说几乎是一件不可能的事情，难道守门员扑点球就真的只能靠猜了吗？

其实所谓的“猜”，就是需要守门员能有一种预判，提前预知对手会把球射向哪个方向并做出相应的动作。在职业比赛中，守门员若是想扑出点球，必须有一定的预判能力。作为预判能力的基础，守门员要看清罚球球员的助跑方向、出脚角度、射门节奏等，尽管有时候球员会做一些假动作，但万变不离其宗，高水平的守门员还是可以通过观察来预判点球的方向和高度。如果赛前能提前做好准备，利用科学的数据分析对对方每一名罚球球员习惯性的点球方向做出统计学上的判断，那对守门员来说简直就是如虎添翼，可以将“猜”的成分去掉一大半。例如2006年德国世界杯德国队与阿根廷队的点球大战中，德国队的守门员莱曼就是依靠教练组的一张写满了阿根廷队球员习惯性罚球方式

的纸条判断对了4个点球的方向并扑出两球，赢得了点球大战的胜利。此外，和对手玩一些心理战也可以帮助守门员扑出点球。例如2008年欧冠决赛的点球大战中，曼联队的守门员范德萨在最后一轮面对切尔西队的阿内尔卡时，故意指了指球门的左边，仿佛在告诉阿内尔卡自己会扑向这个方向，结果阿内尔卡果然中计，没有踢向左边，范德萨也神勇地扑出了他踢向右边的点球，成就了曼联队又一个欧冠冠军。

在业余比赛里，有一种说法是，守门员可以根据罚球球员支撑脚的指向来判断罚球的方位——支撑脚最后落地朝向哪个方向，球就会往哪里跑。尽管这一说法还没有得到科学证实，不过从实际的应用效果看，还是有一定成功率的，对于业余守门员来说这一点可供参考。

065 什么是“勺子”点球？

足球场上总能出现各式各样的踢球技巧，“勺子”点球就是其中一种。由于守门员在面对点球时，往往会提前判断，选择向一个方向侧扑过去，所以一些有经验的射手会有意将点球吊射向中路，令门将措手不及。这种在空中运行轨迹如勺子一般的吊射点球就被称为“勺子”点球。

“勺子”点球本质上是一种吊射的技法，在脚法的运用上更强调使用搓球而非挑球的动作，尽管有一定的隐蔽性，但难度同样很大，需要罚球球员具有一定的脚法和力度——如果球的飞行高度过高或者球速过慢，就会被反应敏捷的守门员“没收”。同时，起脚射门的一刹那也需

意大利球星托蒂在2000年欧洲杯半决赛对阵荷兰队的点球大战中，使用“勺子”骗过了荷兰门将范德萨，这是他最著名的“勺子”

在大赛上敢于使出“勺子”的球星并不多，更不必说是在世界杯的决赛上了。然而齐达内艺高人胆大，他在2006年德国世界杯决赛第7分钟，面对布冯踢出“勺子”点球。球击中横梁弹下越过门线，法国队先声夺人。随后的故事所有人都知道，齐达内因为红牌最终错过了点球大战，法国队在点球决胜中负于意大利队，屈居亚军

要罚球球员具备一定的演技，佯装攻击边路实则打向中路。当然，演技也需要心理支撑，罚球球员只要有一点点的心理波动被守门员识破，那么这个“勺子”点球就意味着给守门员做了一次接球练习。

“勺子”点球的发明人是捷克斯洛伐克队的名将帕连卡，他在1976年欧洲杯决赛面对联邦德国队时大胆采用了这种巧妙的射门方法，并最终帮助捷克斯洛伐克队夺冠。进入21世纪后，“勺子”点球在国际大赛上层出不穷。2000年欧洲杯半决赛上，意大利队的托蒂在与荷兰队的点球大战中打进了一记“勺子”点球，从此“勺子”点球也成了托蒂的金字招牌。

2006年德国世界杯决赛中，法国队开场7分钟即获得点球机会，齐达内以一个美妙的“勺子”点球戏耍了意大利队的世界第一门将布冯，先

2012年欧洲杯，意大利和英格兰携手为广大球迷们奉献了一场惊心动魄的点球大战。当皮尔洛代表意大利队在第三轮出场时，他的“勺子”点球不但帮助球队追平了比分，鼓舞了士气，更是严重挫败了对方门将哈特的自信心

拔头筹。2012年欧洲杯1/4决赛的点球大战中，意大利队的皮尔洛在球队落后一球的情况下以一个“勺子”点球扳回一城，并极大地鼓舞了全队的士气，最终他们击败英格兰队跻身4强。

当然，也不是每一记“勺子”点球都会成功。在2004年亚洲杯半决赛的点球大战中，伊朗队第五个主罚队员哈马迪的“勺子”点球，就被中国队门将刘云飞识破，在倒地的情况下仍用手将球击出，帮助中国队最终打进决赛。托蒂在意甲联赛罗马队主场对阵莱切队时，又踢出了一记“勺子”点球，结果莱切队的门将西奇尼亚诺纹丝不动，轻松地将迎面而来的点球接个正着。所以说，“勺子”有风险，使用需谨慎。

066 点球大战的最高纪录一共罚了多少轮？

2014赛季英格兰联赛杯第三轮，利物浦队主场对米德尔斯堡队的比赛中出现了罕见的点球马拉松大战，双方共踢了15轮点球才决出胜负，利物浦队最终以14：13获胜。这个数字打破了英格兰联赛杯的点球大战比分纪录。类似的情况也出现在2017年6月21日的中国足协杯第四轮比赛中。当时，苏州东吴队坐镇主场迎战中超劲旅上海上港队。比赛并没有像人们预想的那样——上海上港队轻松获胜，相反，却进行得非常激烈。90分钟的比赛双方战成1：1平，不得不通过点球大战来决定晋级下一轮的队伍。最终，苏州东吴15：16（点球14：15）惜败于上海上港队，两队一共罚了17轮点球，创造了中国足球史上正式比赛的点球大战最高纪录。

但是，它们与点球大战的世界纪录相比，只能算小巫见大巫。根据目前的《吉尼斯世界纪录》，点球大战最多轮次的正式比赛，是2005年1月23日的纳米比亚杯决赛——由KK宫殿队对阵温得和克公民队。两队在90分钟内战成2：2平，随后双方直接进入点球大战，两队总共有48人次上场主罚点球。24轮过后，双方竟然一共踢丢了15个点球，最终KK宫殿队以17：16获胜。24轮点球意味着双方在场的所有球员，每人至少罚了两轮，其中还有4个人甚至3次走上点球点。在场的纳米比亚足协官员是这样描述这场马拉松式的点球大战的："就这样一直踢啊踢啊踢啊……毫无结束的意思。最后，所有人还是长舒了一口气，终于结束了！"

不过，纳米比亚这两支球队的点球大战虽然踢的轮次多，却不是比分最高的。历史上点球大战最高比分的纪录出现在1988年11月20日，那场比赛中，阿根廷青年人队在点球大战中以20：19击败阿根廷竞技队，双方在马拉松式的点球大战中一共踢进了39个球。

067 5人制足球与11人制足球有什么区别?

室内5人制足球又称为室内足球，是国际足联正式认可的足球比赛形式。

室内5人制足球由两队对赛，每队5人中1人为守门员，各队可以有数名后备球员。与其他形式的室内足球相比，正式的5人制足球比赛场地以画线为界，而非皮球可以回弹的网或板。

5人制足球的特点是，每名参赛球员有更多的机会接触球。而球员相互之间距离小，双方争夺得更加激烈，攻守转换的速度更快，技战术更灵活，所以脚尖踢球、脚底停球、快速的短传和低传配合及个人运控球技术运用得较多，对球员的实战能力要求很高。

和11人制足球比赛相比，5人制足球比赛在长约45米、宽约28米的场地上进行。两端的防守区长度为11米，中场区长度为23米，场地中央

TIPS　5人制足球世界锦标赛

1989年，国际足联第1届5人制足球世界锦标赛在荷兰举行，众望所归的巴西队获得冠军。至今，这项赛事已经举办了8届。其中巴西队5次夺得冠军，而在2000年和2004年这两届比赛中，西班牙队2次折桂。2016年，阿根廷队首次夺取了这项赛事的冠军。

设一开球点，球门宽3米，高2米，使用的足球为低弹球，比11人制的轻巧，球鞋则多为平底鞋。每队每场替补球员人数和人次不限，可轮换休息。全场比赛时间为50分钟，上、下半场各25分钟，中间休息10分钟。比赛无越位限制，角球和任意球可直接射门得分，球员被红牌罚下5分钟后可继续参加比赛。此外，边线球必须用脚开球，而门将开球则只能用手抛的方式。其他的规则与11人制足球相同。

国际足联在1989年接管了5人制足球的运作，并对规则进行了修订。其中一项最重大的转变，是把足球的重量减轻，从而令比赛更快速，并允许以头球攻门。

068 如何理解足球比赛中的阵形？

足球阵形是指为了适应区域防守、节奏控制、无球跑动等需要，全队队员在场上的位置排列和职责分工。各阵形的名称是按队员排列的形状而定的，自19世纪中期开始世界上有了第一种足球比赛阵形后，现代足球中常用的阵形包括“4-4-2”“4-3-3”“4-2-3-1”“3-5-2”等，这些数字依次代表着从后防线到前锋线上的人数。下面就对这几种常见足球比赛阵形做一个简单介绍。

“4-4-2”阵形

1966年，英格兰人抛弃坚守多年的“WM”阵形后，依靠东道主之利终于收获了自己的第一个世界杯冠军。虽然这个冠军因“温布利悬案”而充满了疑问，但不可否认的是，全新阵形“4-4-2”为英格兰人收获了女神金杯。

“4-4-2”阵形

“4-4-2”阵形是一种平衡的阵形，分为中场平行站位和菱形站位两种。“进则同进、退则同退”的理念不仅需要球员具有良好的位置感，并且需要两名后腰同时具备前腰的能力，既攻得出去也能迅速退守回来。同时，边前卫不仅要起到边锋的作用，还得为前插的后腰进行补防、内切。菱形站位则是平行站位的变化及延伸，它把双后腰中的一名放置在两名前锋身后，而单后腰专职防守。这种阵形对于后腰的防守能力要求也很高，并且作为攻防转换的枢纽，其意识、脚法都要具备。

TIPS 最早的阵形

在19世纪的足球比赛中，并未流行防守性足球，排阵主要是攻击阵形。1872年11月30日的首场国际性比赛，由英格兰队对抗苏格兰队，英格兰队排出7至8个前锋（阵形为“1–1–8”或“1–2–7”）；而苏格兰队排出6个前锋（阵形为“2–2–6”）。英格兰方面，一个球员进行防守工作并负责开出任意球，另外1至2个球员负责中场，并把球踢上前场进攻，注重个人的控球技术，以长传急攻为主。苏格兰队则以小组渗透的方式进攻。不过，即使整场比赛都是进攻式足球，最终也只是战成了0：0。

“4–3–3”阵形

“4–3–3”阵形由“4–2–4”阵形发展而来，巴西国家队于1962年智利世界杯首次采用。与“4–2–4”阵形相比，“4–3–3”阵形多了一名中场球员用于增强防守，中场球员也可以在不同战术中发挥作用。一个“4–3–3”阵形中可以包括一名防守型中场球员以及两名攻击型中场球员。

“4–3–3”阵形

“4–3–3”阵形是四后卫打法中攻击力最强的一种。一般都是通过边路突破来撕开对方的防守。同时，“4–3–3”阵形还会全力在后场以及前场与对手进行争夺战，喜欢进攻打法的教练一般都偏好这种阵形。

“4–2–3–1” 阵形

“3–5–2” 阵形

“4-2-3-1” 阵形

这种阵形对攻防转换的要求非常高。后卫线上的两名边后卫必须是能攻善守的全能球员，中场对双后腰的要求更加苛刻。其中一名必须有出色的体能和防守奔跑能力，主要负责中场的防守，另外一名需要有出色的盘带传球和掌控比赛节奏的能力。对两名边前卫的传中能力的要求相对较低，但是必须有出色的内切突破得分的能力。

“4-2-3-1”阵形中的前腰则是这个阵形中的灵魂，不但要具备传统前腰的组织传球能力，还要有相当强的自己得分的能力。整个中场的分工非常明确，两名后腰主管防守和连接中前场，三名进攻型中场要配合单前锋主攻。由于采取的是单前锋，因此中场分担了更多的进攻责任。在这个阵形里，前锋必须抢点好，护球好，并且可以背身拿球并且有超强的得分能力。

“3-5-2” 阵形

采用这种阵形的球队，一般实力会强于对手，多运用压迫式打法向对手施加压力。中场的5名球员在进攻和防守时都可以抽调人员前压或者后退，阵形变化比较灵活。

069 为什么裁判在比赛中要用哨子？

1863年，英国的足球比赛中开始出现足球裁判，但裁判员只能在场外而不能进入场内。那时裁判员也不用哨子，只是靠大声喊叫和相应的手势来进行判罚。但是由于足球比赛的场地大，看球的人数多，随着比赛的紧张进行，观众会不时发出阵阵掌声和欢呼声，尽管裁判员在场边大声喊叫，在场内比赛的队员仍难以听清楚他的“判罚”。在这种情况下，裁判员就不得不把在场外进行的工作改为在场内进行，以便取得较好的效果。

有不少足球资料表明，口哨在足球场上出现是在1875年一个偶然的情况下产生的。当时，在伦敦举行的一场足球比赛中，因为观众拥入场内，秩序大乱，比赛无法正常进行。当值裁判正好是一位名叫约翰的警察，他见状习惯性地掏出警笛吹了起来。这居然起到了意想不到的效果，场上秩序很快就恢复了正常。

此后，哨子就被裁判用于足球比赛，哨音也就取代了裁判的吆喝。

070 裁判在绿茵场上都要带些什么装备？

既然有比赛，当然就要有判罚的标准和执行人，这个人就是裁判。在一场正式足球比赛中，一般会有4名裁判，包括主裁判、两名助理裁判和一名第四官员。而欧洲赛场上已开始引入五裁判制，包括一名主裁判、两名边线裁判和两名底线裁判。另外还有一名场外官员。

裁判上场时首先要穿着一身得体的运动服，现在国际上比较流行的是黑色和黄色的裁判服装。裁判和球员一样，一般会在比赛的时候带3套服装。第一套是在赛前热身时候穿的，其余则在上、下半场各穿一套。

TIPS 裁判“划线”

2014年巴西世界杯比赛，主裁判装备了任意球喷雾器。在罚任意球时，裁判员可以用喷雾剂在人墙需要退后的位置（9.15米外）喷出一条白线为界，以防人墙向前移动违例。这种喷雾器在喷出液体后，会有一条很明显的白线，但过后这条线就会自动消失，因此不会影响球场草坪的美观和后续比赛的进行。

其次，主裁判还要带上哨子，这是裁判执法的重要工具。比赛用的哨子，一般体积较小，但声音嘹亮。裁判员在执法比赛的时候，通常都会带两只哨子，其中一只作为备用。比赛中，裁判会用一段小绳将哨子系在手腕上，方便吹哨，有的哨子也可以直接戴在手指上。

手表则是裁判计时的重要工具，在引入门线技术后，手表上还会显示由门线技术判定的结果，供裁判参考。

还有一样重要的东西就是红黄牌了。裁判一般会把红黄牌放在不同的口袋，以免掏错。如果万一真的摸错了口袋，那也只能将错就错了。此外，裁判还需要带一个小本子，随时记录场上红黄牌处罚情况。

最后一件裁判上场不得不带的小东西就是挑边器——既有专用的挑边器，也可以用硬币来代替。

对于助理裁判而言，必须带上边旗。在一些大型的比赛中，助理裁判已经开始使用电子边旗了。当助理裁判举旗或有情况需要和主裁判联系时，他可以按动边旗手柄上的按钮，主裁判携带的接收装置就会产生振动，便于助理裁判和主裁判及时沟通。

071 红黄牌的作用是什么？

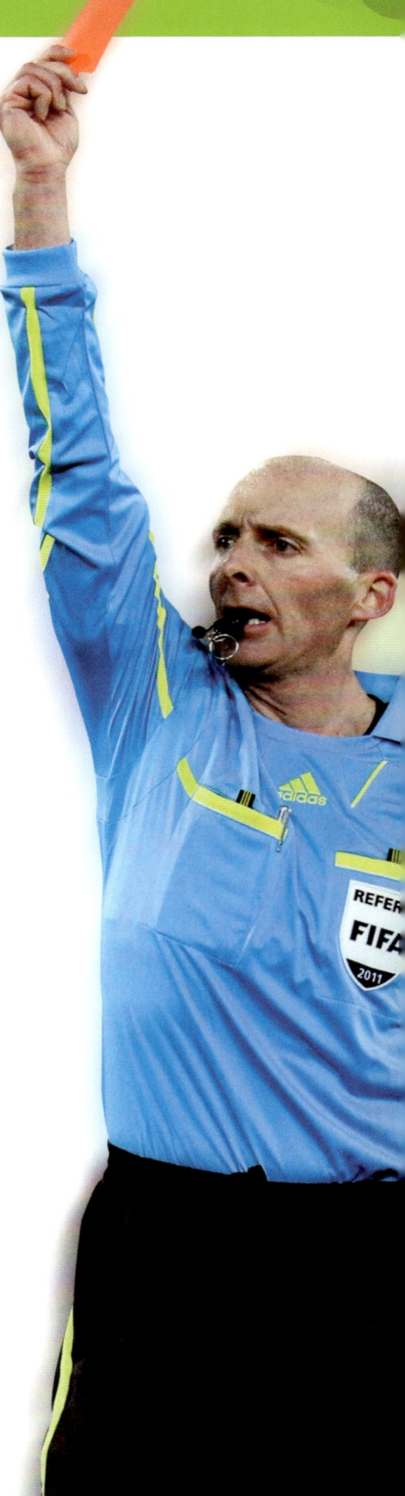

红黄牌这个“发明”源于1966年世界杯赛场上的一场混乱。当时，英格兰队在与阿根廷队的1/4决赛中，由于没有现行的红黄牌制度，很多球员甚至不知道自己已经被裁判警告过了，踢球的动作仍然很大，导致比赛几乎失控，粗野碰撞的场面比比皆是。

经历了这场比赛的英国足球裁判肯·阿斯顿事后偶然间在十字路口遇到红绿灯时突发奇想，若是利用这种醒目的红黄指示信号来约束和警告那些严重犯规的球员会如何呢？此后，他以国际足联裁判委员会主席的身份，极力推广他的红黄牌制度。终于在1970年世界杯赛中，包括红黄牌在内的几项“阿斯顿建议”被正式采用。从此，凡由国际足联主办的世界性大赛均使用红黄牌，各大洲和国家足协也纷纷仿效。

根据国际足联的比赛规则，如果球员有下列7种行为中的任何一种，将被警告并被出示黄牌：犯有非体育行为；以语言或行动对裁判判罚表示异议；持续违反规则；延误比赛重新开始；当以角球或任意球重新开始比赛时，不退出规定的距离；未得到裁判员许可进入或重新进入比赛场地；未得到裁判员许可故意离开比赛场地。如果球员有下列7种行为中的任何一种，将被罚令出场并被出示红牌：严重犯规；暴力行为；向其他人吐唾

TIPS　世界杯史上红黄牌最多的比赛

2006年德国世界杯1/8决赛，葡萄牙队与荷兰队激战。本场主裁判一共出示了4张红牌，16张黄牌，创下了世界杯历史上的一个纪录。9人荷兰队最终0：1告负9人葡萄牙队——第22分钟，马尼切漂亮突破后劲射破门。上半场结束前，葡萄牙队后腰科斯蒂尼亚得到第二张黄牌被罚下。下半场，两支球队更加火爆，主裁判连续罚下3人，分别是荷兰队的右后卫鲍拉鲁兹、左后卫范布隆克霍斯特和葡萄牙队的前腰德科。

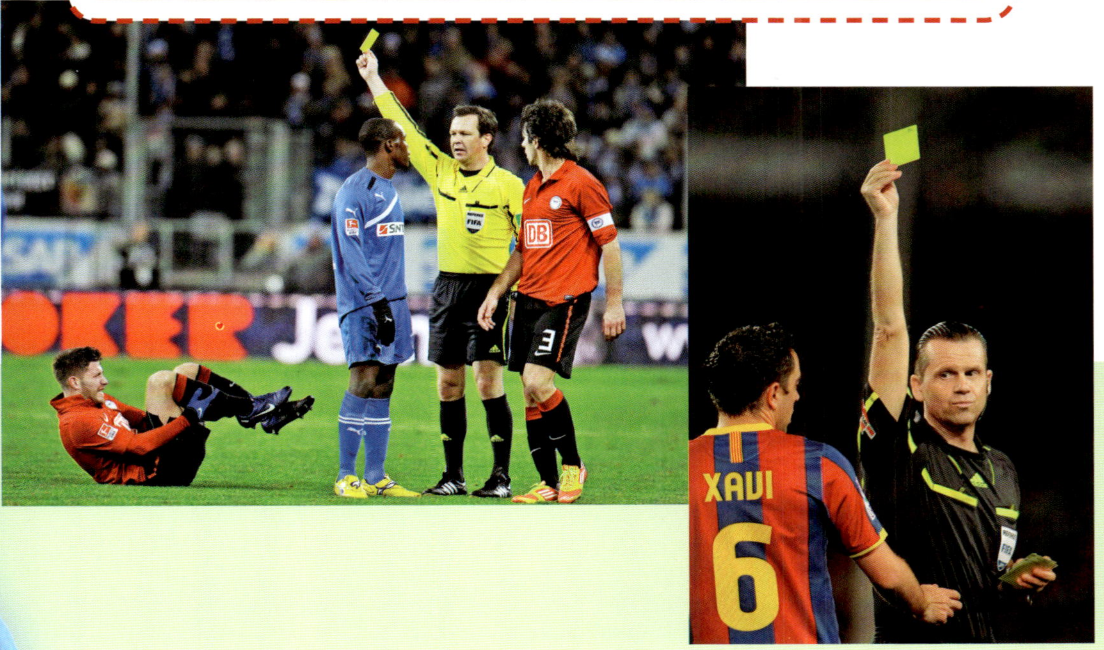

沫；用故意手球破坏对方的进球或明显的进球得分机会；用可判为任意球或点球的犯规，破坏对方向己方球门移动着的明显的进球得分机会；使用无礼的、侮辱的或辱骂性的语言或动作；在同一场比赛中得到第二次黄牌。

被红牌驱逐的球员将不能继续进行余下的比赛，球队也不能用后备球员补上，需在缺少1人的情况下继续比赛，并且若有一方被红牌罚到场上只剩6人，会被判弃权落败。被罚下场的球员根据犯规情节的严重程度还会受到禁赛等额外的处罚。除了球员会被出示红牌，有时候，一支球队的教练和替补球员也会因为行为不当而得到红牌被赶上看台。

072 裁判的手势都代表什么意思？

足球裁判是足球场上的执法者。他要对瞬间发生的场上情况做出判断，并决定是否吹停比赛，做出判罚。由于足球比赛场地大，参与的双方球员多，主裁判主要通过哨音和手势掌控比赛。足球裁判员所用的手势力求简练、准确，并给人以直接、清晰的感觉。其主要作用是示意下一步比赛应如何进行。

国际足联规定裁判员的统一手势主要有以下几种。

直接任意球　单臂侧平举，明确示意踢球方向。

间接任意球　单臂上举，掌心向前。此手势持续到球踢出后，并被场上其他球员触及或成死球时为止。

球门球　单臂向前斜下举，指向执行球门球的球门区。

角　球　单臂斜上举，指向执行角球的角球区。

点　球　单臂向前斜下举，并明确指向执行点球的罚球点。

示意继续比赛　场上出现犯规情况，裁判员根据有利原则而决定不做出判罚时，给以继续比赛的手势——双臂前举，手臂向前稍作连续挥动。

罚令球员出场和进行警告　主裁判出示红、黄牌对犯规球员罚令出场或警告时，一手持㯳直臂上举，面向被处分球员，并作短暂的停顿，以使场内外均能看清是对哪名球员进行了处罚。

比赛结束　单臂上举握拳，示意比赛结束。

073 助理裁判的旗语都代表什么意思？

助理裁判，又称巡边员。他的作用是及时向主裁判示意，球在何时成死球，以及应由哪方发角球、球门球和掷界外球，并协助主裁判使比赛按照规则顺利进行。当发现主裁判有错判或漏判情况，助理裁判应及时按旗示规定示意主裁判。

现在的国际比赛中，助理裁判多用鲜红和黄色的手旗，执红旗的为第一巡边员，执黄旗的为第二巡边员，旗子的大小可与角旗一致。

国际足联规定的统一旗帜示意有以下几种。

越　位　助理裁判如发现有球员越位并已构成应判罚条件，应站在

界外球

球门球

换人

与越位球员平行的边线外，及时将旗上举，向主裁判示意，直至主裁判看到旗示鸣哨暂停比赛。

若是助理裁判远端的球员越位，助理裁判应面对场内，将旗向前斜上举。若是中间球员越位，助理裁判应面对场内，将旗前平举。若是助理裁判近端的球员越位，助理裁判应面对场内，将旗向前斜下举。

界外球　助理裁判将旗侧斜上举，并示意掷界外球方向。

球门球　助理裁判面向场内，将旗前平举，指向执行球门球的球门区。

角　球　助理裁判将旗斜下举指向近端的角球区。

换　人　助理裁判发现某队请示替换球员，在比赛成死球时，用双手将旗横举过头，向主裁判提示某队请示换人。

越位

074 什么是裁判判罚中的有利原则?

有利原则，是指当控球方遭到对方犯规时，球权仍在控球一方并且场上情况对控球方进攻有利，此时裁判为了维护比赛的流畅性一般不会吹罚犯规。如果是恶意的犯规，裁判会在进攻结束后对刚才犯规的球员进行警告或补充出示红黄牌。

那么，什么情况下可以适用有利原则呢？一般可以参考以下标准。

首先，控球队员并未失去控球能力——当控球队员被犯规时，他并没有因为被犯规而失去控球能力，还能继续比赛，并且仍有利于继续获得进攻或得分的机会。这种情况下，裁判员会运用有利原则，不予判

有利原则激励了进攻控球队员发挥出精彩技术的信心和胆量，使比赛球员不怕被犯规、勇于争取胜利，一定程度上促进了拼抢和竞争

罚。一般而言，在职业足球比赛中，某些球员的盘带和过人能力相当突出，当这些队员在前场被犯规时，如果并未失去控球能力，应该给他们继续表现的机会。而且裁判也应该对防守方的战术犯规做出正确的预见，不要让进攻方的机会白白浪费掉。

其次，当控球队员因为被犯规而失去控球能力，虽然球已经不在他本人脚下，但是仍然落在了同伴的控制范围内，并且还能继续获得进攻或得分的机会，这种情况视为具备了有利条件。也就是说，当被犯规队员或被犯规队伍还存在或还有能力继续获得进攻机会和得分机会时，这种情况下也适用有利原则。

075 为什么要在足球比赛中引进鹰眼技术？

鹰眼技术又被称为即时回放技术，是由英国的一家公司在2001年开发的。这个系统由8个或者10个高速摄像头、4台电脑和大屏幕组成。首先，电脑会把比赛场地内的立体空间分成以毫米计算的测量单位；然后，利用高速摄像头从不同角度同时捕捉球体飞行轨迹的基本数据；再通过电脑计算，将这些数据生成三维图像；最后利用即时成像技术，由大屏幕清晰地呈现出球的运动路线及落点。从数据采集到结果演示，整个过程所耗用的时间不超过10秒。

鹰眼技术可以克服人类观察能力上存在的极限和盲区，帮助裁判做出精确公允的判断。这项技术最早被用于网球和板球等运动中，在足球比赛中，鹰眼技术往往搭配"进球裁判系统"同时使用。

"进球裁判"即足球芯片门线技术，需要对比赛用球和球门柱安装芯

2010年南非世界杯1/8决赛，德国队对阵英格兰队，英格兰队兰帕德的远射越过门线，却被主裁判拉里昂达判罚无效

TIPS　温布利悬案

1966年英国世界杯决赛，联邦德国队和英格兰队的比赛在加时赛第8分钟时，英格兰队赫斯特的射门击中横梁弹在球门线处，主裁判丹斯特无法确定是否进球，苏联巡边员巴克拉莫夫告诉他，球进了，3：2！结果这个判决扭转了战局，直接导致联邦德国队输掉了决赛。由于当时没有精确的影像记录，究竟这球是否越过门线一直是一个悬案。

片。鹰眼则在球门附近不同角度，同时对球门进行监控，一旦皮球触及门线，电脑将及时进行精确计算，并显示出皮球过线的程度，确定球是否越过门线，并第一时间通过耳机传达给主裁判。

这项技术的应用也经历了不少波折，此前很多国际足联的高层人士都反对应用这项技术，因为他们认为“裁判的误判也是足球的魅力之一”。在2010年南非世界杯上，英格兰队对阵德国队的比赛中，英格兰球员兰帕德虽打入一球但却遭到误判。许多教练、球员和媒体再次呼吁引入鹰眼技术。这使得当时的国际足联主席布拉特从反对鹰眼技术转而支持鹰眼技术。

在2014年巴西世界杯上，鹰眼和门线技术终于登上了顶级的世界足球比赛。

076 当今世界足坛有哪些主要流派？

目前，足球行家趋向于将流派划分为3类，即欧洲派、南美派和欧洲拉丁派。其理论依据为：流派是一个集合概念，是若干国家某种打法风格的粗略反映。流派形成的过程主要受传统文化、地理环境、社会观念、身体条件和主观追求等方面因素的影响。所有这些因素，是流派正确形成和发展的必要条件，这3种流派在技战术、身体、心理方面各有优势。

欧洲派的特点

英格兰、德国都属这一流派。技术上，他们讲求时机与实效。他们的运、控球动作简捷，多采用一次性出球并以中长传配合见多，远射频繁有力，头球争夺能力强，抢截凶狠。战术上，打法较为简练，整体意识强，气势逼人，充分运用中长传球快速通过中场，直接威胁球门并不失时机地争抢射门，前场进攻多以远射、头球、外围传中和包抄冲顶为主。防守上，多采用区域盯人与人盯人混合运用，逼抢勇猛凶狠。身体上，最典型的特点是有不间歇奔跑的体力，其次是具有强健高大的体格、出色的爆发力和速度。心理上，充满自信心，情绪高昂，勇于冒险，作风泼辣，意志顽强，尤能适应快速、凶猛打法的竞争环境。

罗纳尔多（巴西）

南美派的特点

巴西、阿根廷一直是南美派的典型代表，其主要特点是：技术上，脚下功底深，动作细腻，灵活娴熟，并有良好的控球能力，善于在激烈的拼抢中巧妙地摆脱对方或个人带球突破对方，创造局部人数优势，造成以多打少，且抢阻注重稳妥，特别讲究出击时机和效果。战术上，整体进攻组织严密，以短传推进为主的配合方式快速通过中场，节奏感、特别是即兴应变力强，讲求突然性，在对方阵地防守中善于抢点，以突然性进攻渗透防守，以不失时机的突然远射、冷射威胁球门。防守上，追求集体作战，注重同伴间的保护与补位。身体上，具有与技术动作协调一致的灵活素质，在空间狭小的逼抢环境中，常常善于以灵活的身姿突破重围，完成动作的爆发性力量和起动速度也十分突出。心理上，南美派自信沉着，作风顽强，情绪

里奥·梅西（阿根廷）

普拉蒂尼、吉雷瑟、蒂加纳组成的中场铁三角，是法国队在20世纪80年代崛起的关键

稳定，思维灵活，具有适应现代足球凶抢的果敢品质。

欧洲拉丁派的特点

欧洲派和南美派两大流派的风格特点，各有其令人着迷之处。就近些年来足球发展的状况看，两大流派也在各取对方之长，以丰富自身的风格特色。在这种追逐中，欧洲拉丁派便应运而生了。所谓欧洲拉丁派是指欧洲派与南美流派高度融合的一种派别。在这一流派中，目前普遍认为法国、意大利结合得较好，可谓是典型代表。

这一流派的最显著特点是：技术上，融南美派的娴熟、精巧、细腻与多变为一体；而在战术配合上，则更推崇欧洲派的快速、简练和实效。

意大利队的中场大师——皮尔洛

077 “海瑟尔惨案”是怎么回事?

1985年5月29日，英格兰利物浦队与意大利尤文图斯队在欧洲冠军杯决赛中相遇。比赛地点在比利时布鲁塞尔海瑟尔体育场。体育场其中一个球门后的看台被分配给了利物浦队的球迷，但是却有不少尤文图斯队的球迷从比利时人手中买到该看台的球票。在看台上，也没有足够的警察和工作人员将两队球迷分开。比赛中，不断发生双方球迷的辱骂和投掷行为。混在利物浦队球迷里的足球流氓与尤文图斯队的球迷大打出手，最终导致看台倒塌，当场压死39名尤文图斯队球迷，并有300多人受伤，这就是著名的“海瑟尔惨案”。

那场比赛，尤文图斯队依靠普拉蒂尼罚入一个有争议的点球以1∶0取胜，捧走了冠军杯。然而，比赛的结果已经不重要了，谁都不愿意再去记住这场比赛。

海瑟尔惨案发生当晚，时任英国首相的撒切尔夫人面对媒体，发表声明：“英国球迷给自己的国家和足球抹了黑。”并表示要对足球暴力重拳打击。作为足球流氓滋事温床的英国足球俱乐部为此大受重创。在撒切尔夫人的推动下，英足总决定令英国所有职业球队退出欧洲三大杯赛。欧足联也宣布在欧洲三大杯赛中英国所有足球俱乐部禁赛5年，利物浦队禁赛7年。但是，这也使得英格兰代表队的集训时间增加，避免了球员因比赛过多所导致的集训时间不足的情况。英格兰队的世界杯战绩因此有了较大幅度的提高——1986年世界杯8强，莱茵克尔获得金靴奖；1990年打进世界杯4强。从某种意义上说，这也算是因祸得福了。

078 为什么说巴西队踢的是“桑巴足球”？

从目前举行的20届世界杯来看，巴西夺冠次数最多，达到5次。随后是意大利和德国，各4次。乌拉圭和阿根廷各2次夺冠。英格兰、西班牙和法国各有1次捧杯经历。按惯例每获得1次世界杯冠军，国家队球衣上就可以绣1颗金星，巴西队获得5次世界杯冠军，所以巴西队球衣上有5颗金星，人称“五星巴西”。

巴西足球就是“桑巴足球”，被世人称作世界上最完美的“艺术足球”，它是人体协调最完美的展示。“桑巴”这个名词来源于巴西同样享誉全球的桑巴舞。

TIPS “小鸟”加林查

加林查原名曼诺尔·弗朗西斯，他控球功夫极佳，个人突破能力极强，速度飞快。球迷们送给他“加林查”这个雅号，形容他非凡的足球才能。“加林查”在葡萄牙语中是一种小鸟的名字，这种鸟能在原始森林里轻盈、优美而又疾速地飞行。后来，世界足坛记住了“加林查”，却渐渐淡忘了他的真名。加林查是巴西足球历史上一位不可复制的天才。因为出生时就一条腿长，一条腿短，所以他的带球天生就有欺骗性，真亦假时假亦真。加林查司职边锋，曾代表巴西队参战3届世界杯，在1958年瑞典世界杯和1962年智利世界杯中表现出色，赢得两届冠军。他被认为是能与球王贝利相提并论的少数最出色球员之一。

桑巴舞是一种巴西特有的舞蹈形式，节奏明快，步点轻盈，载歌载舞，是一种情绪的释放，受到巴西人的普遍喜爱。桑巴舞用脚，踢足球也用脚，将桑巴的节奏和韵律移到足球上，巴西人才踢出了如舞步般的快乐足球。桑巴足球同桑巴舞一样热情奔放，令人痴迷和陶醉。不仅巴西足球动作酷似桑巴舞，而且很多巴西球员本身就是桑巴音乐和舞蹈的好手，球员进球或胜利后的庆祝动作也多是跳桑巴舞。

“桑巴足球”同时也是攻势足球的经典代表。国际足联曾这样点评道：“巴西是足球的象征，黄色球衫代表了世界第一运动的最高水平，他们有实力吸引世界的注意力，证明他们是世界上最棒的球队。”

现在，“桑巴足球”已经不再单指巴西足球队，而是代表着一种足球风格，它也不再是巴西队的专利，但足球和桑巴的完美结合，只有在巴西这片热土上才显得那么自然和完美。虽然全世界足球都在向巴西学习，但巴西仍然是巴西，独一无二。

内马尔（巴西）

079 为什么德国队被称为“德国战车”？

其实对于德国而言，不是只有足球队才被称为“战车”。有关德国的一切都可以称作“战车”，这主要由德国人的民族性格决定。他们一直坚强、严谨、求实、团结一致，对待任何问题都非常严肃、一丝不苟。因此经常可以获得压倒性的胜利，让对手喘不过气，这就给人一种战车的感觉。还有一个原因，历史上德国的坦克装甲部队相当有战斗力，是德国的主要精锐部队，因此“战车”在一定程度上代表德军，乃至德国。

1954年瑞士世界杯决赛，匈牙利队开局不错，他们很快就取得2：0领先。然而顽强的德国人仅仅用了10分钟就将比分追成2：2平。此后，联邦德国队再接再厉将比分反超，最终以3：2逆转取得胜利。应该肯定一点，那就是德国人在意志品质方面超越了对手。联邦德国队历史上首次捧起“雷米特杯”

德国队历史上共16次参加世界杯决赛圈比赛，其中11次打进4强（比巴西还多1次），获得4次冠军、4次亚军、3次第三名和1次第四名。在世界杯上的总战绩德国队积分排名第二，夺冠次数也排第二，这还是在比巴西少参加两次比赛的情况下取得的。

1954年，联邦德国队在著名的“伞兵队长”瓦尔特和传奇射手拉恩的率领下缔造了不可思议的“伯尔尼奇迹”。那届世界杯中，联邦德国队与匈牙利队先是在小组赛中交手，是役联邦德国队以3：8惨败。然而，当两队在决赛中再次相遇时，不可思议的一幕发生了，联邦德国队在开场8分钟就0：2落后的情况下，先是顽强追平比分，拉恩在第84分钟的进球最终为联邦德国队锁定胜局，完成大逆转。瓦尔特代表联邦德国队首次捧起了“雷米特杯”。

1974年世界杯在联邦德国举行，坐拥主场优势的联邦德国队在“足球皇帝”贝肯鲍尔、“轰炸机”穆勒等人的带领下一路高歌猛进。决赛中，穆勒的进球帮助球队以2：1逆转击败了克鲁伊夫领军的荷兰队，第二次夺得世界杯冠军。另外，由于在1970年世界杯中巴西队第三次夺冠，永久拥有了“雷米特杯”，德国人也成为世界杯新奖杯“大力神杯”的第一任得主。

1982年西班牙世界杯半决赛，两支夺冠大热门联邦德国队和法国队展开正面交锋，利特巴尔斯基和普拉蒂尼先后为各自球队建功。加时赛，法国队依靠特雷索尔和吉雷瑟的进球将比分扩大为3：1，顽强的德国战车随后连扳两球，将比分锁定为3：3，并依靠点球大战以总比分8：7淘汰对手，晋级决赛。本场比赛被称为世界杯史上最经典的逆转，同时，也因为比赛地点在西班牙的塞维利亚，被称作“塞维利亚史诗”

金色轰炸机——克林斯曼

马特乌斯

联邦德国队在1982年、1986年两届世界杯上屈居亚军。1990年的意大利之夏无疑是属于德国人的，以“三驾马车”——马特乌斯、克林斯曼和布雷默为核心的德国战车所向披靡，决赛中布雷默的点球帮助联邦德国队以1：0复仇阿根廷队，第三次夺冠。

2014年，第20届世界杯决赛在巴西里约热内卢的马拉卡纳球场打响，最终凭借格策在加时赛中的进球，德国队又一次以1：0击败南美劲旅阿根廷队，时隔24年后再次捧起大力神杯，“德国战车”第四次夺取了世界杯冠军。

TIPS　经典回顾

2014年7月14日，巴西世界杯决赛在里约热内卢的马拉卡纳球场展开，阿根廷队对阵德国队。比赛前90分钟，双方展开胶着的对抗，胜负的悬念一直没有被揭开。在第88分钟，勒夫终于做出了首次主动换人调整，克洛泽被格策换下。虽然是替补上阵，但毫无疑问，当晚的格策力压梅西、克洛泽、穆勒等人成为最闪亮的球星！德国队耐心的进攻终于在第113分钟开花结果，许尔勒左路突破马斯切拉诺，传中越过德米凯利斯，出现在门前的正是格策！他在前点距门4米处胸部停球，随即左脚凌空勾射入远角，1：0，德国队完成绝杀。

080 为什么荷兰队被称作世界杯上的“无冕之王”？

世界杯赛场上只有一支球队称得上“无冕之王”，那就是荷兰队。

荷兰队在20世纪70年代凭借全攻全守的打法令世界足坛为之一振，他们在1974年与1978年两届世界杯的比赛中都杀入了最后的决赛，但是球风华丽的他们始终无法取得冠军。2010年，凭借着强韧的防守，荷兰队再一次杀入世界杯的决赛，面对西班牙队，他们却在加时赛中被伊涅斯塔绝杀，悲情的荷兰人第三次倒在了世界杯决赛的舞台。橙衣军团的“三亚”是前无古人的纪录——在世界杯的历史上如果一支球队能两次进入决赛，那么至少会有一次夺冠，三次进入决赛却无法夺冠，荷兰队是唯一的。他们是当之无愧的无冕之王，他们与世界杯之间的距离只是运气。

博格坎普

克鲁伊夫

目前荷兰足球的代表人物是罗本，他被誉为继博格坎普之后荷兰最出色的球星。罗本现效力于德国拜仁慕尼黑队。他代表荷兰队参加了2004年、2008年和2012年欧洲杯，以及2006年、2010年和2014年世界杯。罗本连续三届世界杯取得了进球，连续六届大赛取得助攻。在荷兰队的世界杯历史上，他是助攻王，并且在射手榜中名列第二。

虽然罗本常被归类于前锋，但他主要司职边锋。他以带球技巧、奔跑速度、传中能力和从右路起左脚远射而闻名。

阿尔杰·罗本

081 为什么意大利队的防守被称为"链式防守"？

"链式防守"这种战术的源头可以追溯到奥地利人卡尔·拉帕恩开创的"瑞士门闩"战术。不过，关于到底谁是链式防守的发明者，这个问题的答案不一，国际米兰队的教练埃雷拉把功劳算到了自己头上，大多数足球史学家也持这种观点，但在埃雷拉之前，AC米兰队的功勋教练罗科也使用过这种战术，并取得了成功。

以20世纪90年代初最经典的米兰链式防守为例，马尔蒂尼和塔索蒂作为边后卫基本不助攻，他们更像现今的三后卫阵形中的两个边中卫。科斯塔库塔在场上踢盯人中卫，但是他不是死盯对手的那种，而是在对方核心球员35米区域积极地上前防守。巴雷西打拖后自由人，他总能出现在最需要的位置，适时为队友补位，同时领导整条后防线一起造越位。应付边路进攻的时候，科斯塔库塔不再是一个突前防守的中卫，而是和巴雷西一起成为双中卫争抢落点，这时候的防线又成为典型的四后卫区域防守。所以，链式防守的整条防线在平行站位与菱形站位之间不断变换。

TIPS 世界第一左后卫

保罗·马尔蒂尼，在1988年欧洲杯上崭露头角，被称为“世界第一左后卫”。马尔蒂尼是一名真正意义上的现代型后卫，在与对方前锋的对抗中，他总是以智谋取胜，很少采用犯规战术，公平竞赛的精神在他身上得以最好体现。凭借出色的技术、优秀的身体条件、开阔的视野、对比赛形势良好的判断和恰到好处的助攻，球场的左路完全在他的掌握之中。

意大利人从20世纪七八十年代开始钻研链式防守。1982年西班牙世界杯上，出色的盯人中卫詹蒂莱成功地冻结了济科、马拉多纳等攻击好手。最典型的链式防守的成功要属1994年美国世界杯的决赛，当时，一代战术大师萨基面对的是当时最好的锋线组合：罗马里奥和贝贝托。他排出了一个五后卫的链式防守阵形：左后卫贝纳里沃，右后卫穆西，两个积极上抢的盯人中卫是科斯塔库塔和马尔蒂尼，巴雷西拖后。即使从如今的眼光看来，这也是一条几乎完美的防线，他们也成功地抵挡了巴西人120分钟的进攻。巴雷西退役之后，意大利队的链式防守雄风不在，现今意大利人更多地还是采用区域防守的方式。

082 为什么说贝利是20世纪最伟大的运动员？

1999年，由世界上最权威的体育新闻组织——国际体育记者协会为庆祝成立75周年而评选产生的“20世纪25名最佳运动员”中，贝利名列第一。

现在，人们提起贝利，都要在他的名字前面冠上“球王”这个称号。他的球技出神入化，是享誉世界的超级巨星，也是频频打破纪录的足球偶像——他可以胜任足球场上的任何一个位置，甚至连守门员也能胜任。他在职业生涯中总共打进了1283个球（正式比赛进球700多个）。

凭借三届世界杯冠军的骄人战绩和无人能敌的进球方式，贝利成为后来者的一个标杆。

1958年，贝利第一次参加世界杯时才刚满17岁。当时还名不见经传的贝利以炫目的技艺将比赛带入高潮，整个世界为之震动。第一个进球他竟然把球挑过对方最后一个后卫，然后扫球入门，第二球则是一个让瑞典守门员毫无防备的头球。

1962年，贝利参加了智利世界杯，但不幸的是他在首场比赛中就受了伤，之后未能再次上场。他在场外亲眼目睹了自己的队友再次夺得世界杯冠军，此时，贝利已经为众人瞩目。然而在1966年他再次遭遇不幸——在巴西队与葡萄牙队的比赛中，贝利又一次被担架抬出场。但与四年前不同的是，那次他看到了球队被淘汰出局。1970年墨西哥世界杯赛中，如日中天的贝利在队友扎加洛、里维利诺和阿尔贝托的鼎力协助下，再次向世人展示了自己的才华。在决赛中，贝利攻

TIPS　经典回顾

1970年6月21日，墨西哥城，1970年世界杯决赛。巴西队华丽的进攻遭遇意大利队坚固的“链式防守”。第18分钟，贝利头球首开纪录，这是巴西队在世界杯上的第100粒入球，也是“球王”最后的一粒世界杯入球。第37分钟，意大利队前场成功抢断，并将比分扳平。此后，比赛成了巴西队的表演。他们在第66分钟、第71分钟、第87分钟连下三城，将比分锁定在4∶1。巴西队第三次捧起“雷米特杯”，并永久保留了这座金杯。

入了巴西队象征性的第100粒世界杯进球，帮助球队第三次夺得世界杯冠军，巴西队永久占有了“雷米特杯”。

球王贝利

贝利书写了世界杯历史上的一个传奇：他14次出战世界杯决赛阶段比赛，除了两次受伤外，其余12场比赛不是有进球就是有助攻，或两者兼有。这代表着他只要上场就从不空手而归，这个成绩让后来所有球员都望尘莫及。贝利代表国家队正式出场92次，打入77粒进球，当时的巴西队几乎未尝一败，直到他退出国家队。

贝利的足球技术受到世界称赞，其中最为球迷们津津乐道的就是他最有特色的个人技巧“倒挂金钩”。

1958年瑞典世界杯上，年仅17岁的贝利首次参加世界杯大赛

083 为什么贝肯鲍尔被称为“足球皇帝”？

弗朗茨·贝肯鲍尔具有精妙绝伦的球技、高超的足球智商以及独一无二的领袖气质。他先后以球员和主教练的身份帮助联邦德国队获得世界杯冠军。在德国的足球历史上，还从未有人超越贝肯鲍尔的高度。他是世界上极个别可以和球王贝利相提并论的巨星。

贝肯鲍尔20岁便入选了国家队，并随队出征了1966年英格兰世界杯。在这届大赛上，贝肯鲍尔表现出色，入选了最佳阵容，从此奠定了自己在队中的主力位置。他的横空出世令球迷惊叹，加上贝肯鲍尔坐镇后防，统帅指点全场，带球昂首挺胸，长驱直入，确有君临天下的气势，于是被媒体和球迷誉为“足球皇帝”。

1974年德国世界杯决赛，联邦德国2：1荷兰，队长贝肯鲍尔率队捧得“大力神杯”；1990年意大利世界杯决赛，联邦德国1：0阿根廷，贝肯鲍尔作为主教练再次捧起“大力神杯”

球员时代，他是世界足坛最伟大的球员，几乎囊括了包括世界杯、欧洲杯、世界俱乐部杯、欧洲冠军杯等所能拿到的一切冠军。1972年和1976年，贝肯鲍尔两次捧得金球奖，并且连续十年入选金球奖前五名，是该奖项评选有史以来的最高纪录。

1974年，贝肯鲍尔在本土第三次征战世界杯。他开创了“自由人”的战术，是队中不可或缺的领袖。在与荷兰人的巅峰对决中，贝肯

1970年6月17日，墨西哥世界杯半决赛（联邦德国3：4意大利），意大利人的凶狠犯规，导致贝肯鲍尔肩膀脱臼，但他仍然缠着绷带，裹着伤臂，继续完成比赛。这一坚毅表现，后来成为德意志足球精神的象征

鲍尔率领球队连入两球，反败为胜。最终捧得了“大力神杯”。

教练时代，他又是世界足坛最伟大的教练。1990年意大利之夏，贝肯鲍尔又以主教练身份，率队再次登上世界足坛之巅。这使他成为历史上作为队长和主教练都获得过世界杯冠军的第一人。此外，他还分别率领俱乐部队和国家队夺取过联赛、欧洲冠军杯、欧洲联盟杯、欧洲杯冠军，并当选首位国际足联世界最佳教练。

此后，贝肯鲍尔历任德国足协主席、2006年德国世界杯组委会主席、国际足联副主席等要职，在推动国际足联体制和足球规则改革方面卓有贡献。无论是在德国足坛、欧洲足坛还是世界足坛，贝肯鲍尔都是公认的“足球皇帝”。

084 为什么说马拉多纳有一只“上帝之手”？

“上帝之手”是一个非常传奇的故事，说起这个故事，得让我们回到1986年的墨西哥世界杯。

1986年6月22日，墨西哥世界杯1/4决赛阿根廷队对阵英格兰队。比赛进行到下半场第6分钟，双方仍然战成0：0。马拉多纳策动进攻，先是将球分给边路的队友巴尔达诺，后者的射门被英格兰后卫霍奇挡出，然后回传给守门员希尔顿。此时，虽然马拉多纳抢到了第一点，但面对人高马大的希尔顿，他想头球攻门难度极大，最终，他选择了用手将球打入球门。由于他的个子矮小，动作也十分隐蔽，突尼斯主裁判纳塞尔竟然没有发现这是一次手球犯规，并判进球有效，希尔顿和他的队友虽然极力争辩，但结局仍然无法改变。

凭借此球领先后，马拉多纳随后又攻入了一个堪称世界杯历史上最

马拉多纳的“上帝之手”

此后马拉多纳连过5人攻入了一个堪称世界杯历史上最精彩的“世纪之球”

精彩的入球——“世纪之球”。这场比赛阿根廷队以2：1获胜，并最终获得此届世界杯冠军。

赛后的新闻发布会上，马拉多纳宣称这个进球“一半是上帝之手，一半是马拉多纳的脑袋”，以此进一步羞辱了英国人——对于刚刚在“马岛战争”中被英国击败的阿根廷人来说，赢球可能是最好的复仇手段。马拉多纳认为这粒进球是上帝对英格兰人的惩罚，这也让阿根廷和英格兰在足坛的恩怨进一步加剧。

在2002年出版的自传中，马拉多纳承认这个进球是个手球：“我现在能说出当时不能说的事情了。当时，我称其为‘上帝之手’，其实那是‘迭戈之手’。我感觉自己有点像是偷了英格兰人的钱包。”

这一事件之后，人们也会把在足球比赛中用手将球打进且被误判有效的情况称为“上帝之手”。

085 弗格森是在同支球队执教时间最长的教练吗？

亚历克斯·弗格森爵士绝对是足球历史上最伟大的主教练之一，自20世纪90年代起他开始执教“红魔”曼彻斯特联队，26年的时间里共获得38个冠军头衔——包括英格兰足球超级联赛、英格兰足总杯、英格兰联赛杯、欧洲冠军杯、欧洲优胜者杯、欧洲超级杯、丰田杯、世俱杯等，创造了不朽的足坛神话。

在弗格森的指导下，曼联队不断涌现出足坛新星，实力稳步上升，最终成为欧洲足坛的一代霸主。弗格森带给曼联队的不仅有先进的战术打法，更重要的是为曼联队注入了一种遇到困难锲而不舍的顽强斗志和强烈的集体主义精神。1999年，曼联队在获得“三冠王”——英超冠军、欧洲冠军杯冠军、英格兰足总杯冠军的过程中多次上演反败为胜的情形就是对此最好的诠释。

居伊·鲁用了19年时间，率领欧塞尔队从丁级联赛一直打到甲级联赛，并在1995—1996赛季夺得了法甲和法国杯的双冠王

2013年5月8日，曼联队官方宣布功勋教练弗格森正式退休，不再担任球队主教练。退休之后，弗格森进入了球队管理层担任俱乐部总监和大使。

可能大家都认为，执掌曼联26载的弗格森是足坛历史上执教同一支球队时间最长的主教练，其实不然。法甲联赛欧塞尔队的传奇主帅居伊·鲁才是同一支球队执教时间最长的教练。1938年出生的居伊·鲁从1961年起就在欧塞尔队担任球员兼教练，当时他年仅22岁，直到2005年他才卸下教鞭，执教欧塞尔队长达44个年头。尽管在此过程中，他没有取得弗格森这样辉煌的成就，但他对俱乐部的贡献也是绝无仅有的。居伊·鲁把一支默默无闻的业余球队打造成了一支法甲劲旅，在他的率领下，欧塞尔队获得过1次联赛冠军，4次杯赛冠军，还杀入了强手如云的欧洲赛场。

居伊·鲁率统帅同一支球队出赛890场的纪录至今无人可以企及。

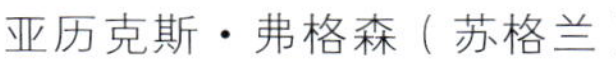

亚历克斯·弗格森（苏格兰）

086 超级巨星为何会无缘世界杯决赛圈?

足球是一项集体运动，在世界足坛的历史上，有一些巨星个人水平毋庸置疑，但因为国家队水平不足而终其职业生涯无缘世界杯大赛，比如威尔士球星拉什、吉格斯，利比里亚球星乔治·维阿，等等。还有一些球员却是因为自身的各种原因始终无缘世界杯，例如法国球星坎通纳，德国的足球浪子舒斯特尔等。

这是一种遗憾，但某种程度却也是一种残缺的美。

坎通纳（法国）

TIPS　乔治·维阿

乔治·维阿先后获得了欧洲足球先生（1995年）、世界足球先生（1995年）和两届非洲足球先生（1989年、1994年）。在世界足球史上，乔治·维阿以“世界足球先生”绿茵第一人之尊而无缘世界杯决赛圈，这不能不说是世界足坛的一大遗憾。2017年12月，这位前世界足球先生在利比里亚总统选举中击败对手，当选新一任总统，由此，乔治·维阿成为历史上首位当选国家元首的足球运动员。

斯蒂法诺1926年出生于阿根廷布宜诺斯艾利斯，曾先后效力于阿根廷、哥伦比亚和西班牙三国的国家队，但却从未参加过世界杯决赛阶段的比赛。为皇家马德里队效力的11个赛季是他职业生涯最为成功的经历。1956年至1960年间，斯蒂法诺帮助皇马连夺五届欧洲冠军杯。这位超一流的射手常被称为是贝利之前最伟大的球员。

1950年巴西世界杯，由于“二战”后续影响，阿根廷拒绝参赛，于是24岁的斯蒂法诺丧失了第一次参加世界杯的机会。1954年瑞士世界杯，阿根廷仍然拒绝参赛。同时国际足联也宣布，斯蒂法诺由于此前曾代表阿根廷和哥伦比亚两个国家队比赛，而不具有参赛资格。1956年斯蒂法诺获得西班牙国籍，代表西班牙队参加了1958年世界杯预选赛，然而已经32岁的斯蒂法诺状态大不如前，未能帮助西班牙晋级决赛圈。1962年西班牙队虽然获得了智利世界杯参赛权，但已经36岁的斯蒂法诺伤病缠身，只能遗憾地第四次无缘世界杯大赛。

足坛浪子舒斯特尔的才华是毋庸置疑的，他天赋过人，技术与意识超凡脱俗。然而暴躁的脾气和古怪的性格让他失去了在国家队展示才华的机会。本应和鲁梅尼格、利特巴尔斯基等人一起征战世界杯赛场的他，却因为与主教练德瓦尔和队友布莱特纳的矛盾，在1982年西班牙世界杯前宣布永久退出国家队，此时舒斯特尔只有24岁。

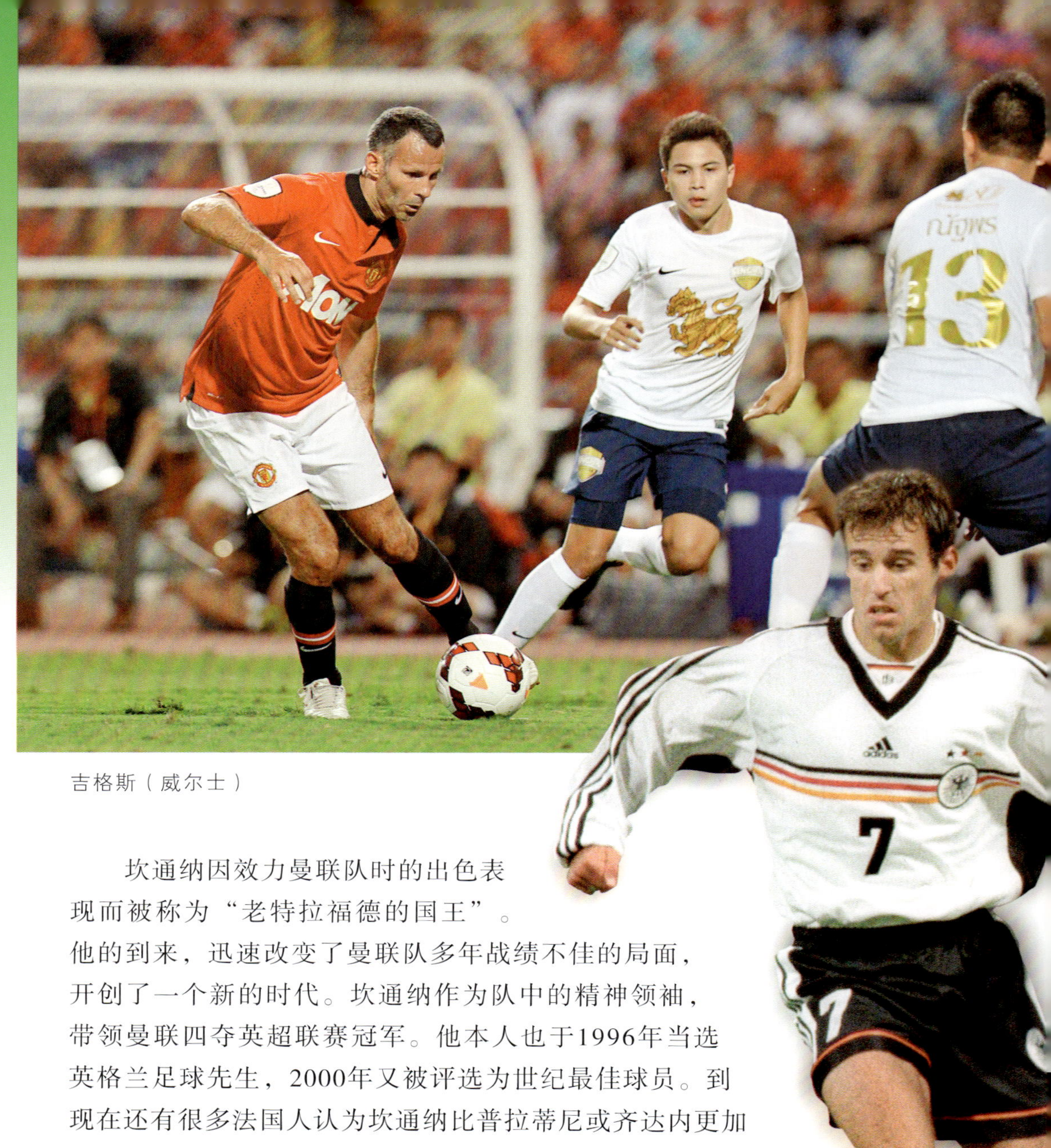

吉格斯（威尔士）

绍尔（德国）

坎通纳因效力曼联队时的出色表现而被称为“老特拉福德的国王”。他的到来，迅速改变了曼联队多年战绩不佳的局面，开创了一个新的时代。坎通纳作为队中的精神领袖，带领曼联四夺英超联赛冠军。他本人也于1996年当选英格兰足球先生，2000年又被评选为世纪最佳球员。到现在还有很多法国人认为坎通纳比普拉蒂尼或齐达内更加出色。坎通纳恰好夹在这两代法国巨星中间，1986年普拉蒂尼率领法国队打进世界杯4强，年仅20岁的坎通纳没有入选这届阵容。1990年、1994年法国队居然连续两次倒在世界杯预选赛中。当1998年法国作为东道主举办世界杯时，这位性格桀骜不驯的球星却已在一年前突然宣布退役。

绍尔在拜仁慕尼黑队夺得过俱乐部球员所能夺得

TIPS 伊恩·拉什

伊恩·拉什在利物浦队的进球率惊人，是20世纪80年代英格兰赛场上最具盛名的超级射手。然而由于威尔士队的整体实力不济，拉什从未有机会征战世界大赛。

的所有荣誉，在国家队他也一度是中场不可或缺的大将。1996年、2000年两次欧洲杯上也都有不俗的表现。然而状态正佳的绍尔，却因世界杯之前的一次受伤断送了他前往法国的梦想，有报道称绍尔当时的伤势并不算严重，但谨慎的福格茨最终还是将他从大名单中划去；2002年韩日世界杯前绍尔不幸再度受伤，这一次他主动提出退出德国队世界杯大名单。

米兰中场大将安布罗西尼的国家队命运有点类似于绍尔。1998年法国世界杯时，他资历尚浅。此后联赛中的出色表现使他入选了佐夫执教的国家队，并帮助球队获得2000年欧洲杯亚军。然而2001年开始安布罗西尼伤病不断，由于长时间缺战，他在国家队的位置越来越边缘化。等到2010年南非世界杯时，33岁的安布罗西尼已无法进入主帅里皮的法眼了。

埃尔伯的职业生涯辉煌期是在拜仁慕尼黑队度过的，在拜仁效力期间，这位巴西前锋就像一台射门机器。然而他却生不逢时，前有罗马里奥后有罗纳尔多的巴西队人才济济，状态火热的埃尔伯终其职业生涯也只为巴西国家队出场15次打进7球，始终无缘世界杯。

吉格斯是威尔士足球队队长，也是曼联队历史上最伟大的中场左路球员之一。他的职业生涯只效力于曼联队，是队中效力年限最长的球员（一共为曼联上场了24个赛季）。他在2008年5月21日的欧洲冠军联赛决赛中上场，打破了鲍比·查尔顿保持的俱乐部出场纪录。职业生涯中他一共为曼联队上场963场，亦创下了连续23个赛季都为曼联队取得进球的辉煌纪录。在青年时期，吉格斯就选择到威尔士队踢球，拒绝了英格兰的召唤，这个决定让很多人为之遗憾。因为威尔士队在吉格斯效力期间，从未打进过世界杯决赛圈。

087 从世青赛中走出过哪些足坛巨星？

里奥·梅西（阿根廷）

TIPS 中国队与世青赛

中国队曾5次打入世青赛决赛圈，最好成绩是1985年第5届世青赛打入8强。中国球员李华筠在1983年世青赛上一战成名，表现出色的李华筠与范巴斯滕、罗马里奥、普罗塔索夫和贝贝托并列被评为这届的“世青赛希望之星”。

国际足联U20世界杯足球赛是由国际足联举办的国际性的20岁以下男子青年足球锦标赛，经常被称为“世青赛”或“世青杯”。有多位世界足球巨星都是在这项比赛中崭露头角的，例如马拉多纳（1979年）、达沃·苏克（1987年）、路易斯·菲戈（1991年）、欧文（1997年）、梅西（2005年）等。

1997年的夏天，欧文代表英格兰青年队参加了世界U20青年足球锦标赛，并被媒体赞誉为“新英格兰速度”“英格兰前锋之星”。

这一届看似普通的世青赛总共创造了165粒进球，这个可怕的进球纪录直到2009年才被打破。同时，这届世青赛还诞生了属于这个时代的巨星们——亨利、特雷泽盖、萨穆埃尔、艾马尔、里克尔梅。

现役球员中，最有名的从世青赛走出来的巨星就是阿根廷的梅西了，他虽然住在西班牙，并于2005年9月26日获得西班牙国籍，但他并没有代表西班牙国家队出赛，而选择为出生国阿根廷效力。

由于他的球风与上一代球王马拉多纳相似，出道不久大众媒体便称他为“新马拉多纳”。2006年，马拉多纳甚至亲自宣布梅西为他的“接班人”。

梅西于2004年10月16日正式为巴塞罗那队上场比赛，打破了西甲比赛最年轻的巴萨球员的纪录。现在，他随队横扫多项赛事冠军，包括3次欧洲冠军联赛冠军和5次西甲联赛冠军，获得了辉煌的俱乐部成就。梅西与克里斯蒂亚诺·罗纳尔多连续七年（2007—2013年）共同入选年度世界最佳十一人，被认为是21世纪初最顶尖的足球选手、史上最伟大的足球运动员之一，并被媒体、名宿和球迷广泛认定为现今世界最佳球员。

梅西在2005年的世青赛中大放异彩，共射入6球，其中2球更是于决赛中攻入，最终不仅帮助阿根廷青年队历史上第五次封王，其个人还夺得该届赛事的最佳射手与最有价值球员奖项。

088 世界足球先生是怎么评选出来的?

2015年1月12日，2014年国际足联金球奖颁奖典礼在瑞士苏黎世举行，C罗与沃尔夫斯堡女足队长凯斯勒分别获得“世界足球先生”和“世界足球小姐”称号

国际足联世界足球先生是由国际足联评选的年度最佳足球运动员荣誉，由各国国家队的主教练和队长投票产生，评选的对象是当年所有参加比赛的职业球员。每位投票的教练可以投出3张选票，选出他所认为当年表现最优秀的3位球员，每张选票的分值分别为5分、3分和1分。最后根据每位运动员所得选票的积分总和，以最高得分者当选为世界足球先生。

世界足球先生的评选起始于1991年，与之相对应的世界足球小姐评选则开始于2001年。2010年南非世界杯期间，国际足联和法国《足球》杂志宣布国际足联世界足球先生和金球奖合并为一个奖项，定名为“国际足联金球奖”。国际足联金球奖下又分设世界足球先生、世界足球小姐、最佳男足教练、最佳女足教练、主席奖、公平竞赛奖、普斯卡什奖（最

罗纳尔多（巴西）曾经在1996年、1997年和2002年三夺“世界足球先生”称号；2001年菲戈（葡萄牙）获“世界足球先生”殊荣；2006年法比奥·卡纳瓦罗（意大利）成为历史上第一个以后卫身份获得双料“世界足球先生”（国际足联“世界足球先生”和《世界足球》“世界足球先生”）称号的球员

佳进球奖）等几类奖项，以表扬当年在各奖项下表现最佳的球员或教练员。国际足联金球奖的投票范围更大，除了各国国家队的主教练和队长之外，还有各国体育媒体的记者代表，后者的投票比重和分值与教练一致，所代表的是大众的意见。

当然，各大洲的足协也会相应地评选自己的足球先生，对于中国球员来说，范志毅和郑智分别在2001年和2013年获得过“亚洲足球先生”的称号。

TIPS　亚洲足球先生——郑智

郑智，中国国家队队长和广州恒大队队长。郑智身体素质好，技术全面，经验丰富，擅长远射。曾先后效力于深圳健力宝队以及山东鲁能队，2007年转会英超查尔顿队，2009年9月签约苏超凯尔特人队，2010年6月底亮相广州恒大队。郑智于2002年和2006年两获中国足球先生，个人也一共7次获得中超冠军。2013年、2015年两次代表广州恒大队获得亚冠联赛冠军。2013年11月26日，郑智荣获年度亚洲足球先生。

089 为什么有这么多个“罗纳尔多”？

“罗纳尔多”是葡萄牙语中比较常见的一个单词，常用于人名或姓。所以葡萄牙语系的国家中，很多球员都叫“罗纳尔多”，这只是一种巧合。据统计，国际足坛曾先后活跃过十多位“罗纳尔多”，其中大多数都是昙花一现，成名不久就状态下滑，落寞了。但是，有3位“罗纳尔多”却是近二十几年来国际足坛响当当的风云人物。

罗纳尔多·路易斯·纳萨里奥·德·利马，是我们所说的“大罗纳尔多”，后来因为身材发福，又被球迷们戏称为“肥罗”。

罗纳尔多出生的这一天，正好是球王贝利宣布退役的日子。冥冥中似乎是上帝又为巴西带来了一位足球天才。罗纳尔多与法国球员齐达内被认为是20世纪90年代世界足坛最伟大的两名球星。他球技出众而且速度惊人（100米最快纪录为10.3秒），强大的爆发力以及精准的射门令对

罗纳尔多（巴西）

手闻风丧胆。被冠以“外星人”称号。罗纳尔多曾三度当选世界足球先生，两度当选欧洲足球先生，为巴西队夺得2次世界杯冠军及1次亚军，并在参加的3届世界杯决赛圈比赛中共打入15粒入球。其中2002年世界杯更是罗纳尔多球员生涯的代表作。

2011年2月14日，罗纳尔多宣布退役。

罗纳尔迪尼奥（巴西）

罗纳尔多·德·阿西斯·莫雷拉，通常被叫作“罗纳尔迪尼奥”。球迷们为了把他与“大罗”区分，所以叫他“小罗纳尔多”。

罗纳尔迪尼奥是世界足坛在21世纪初技术能力最佳的球员之一，被誉为“球场魔术师”。其个人球感、盘带能力被誉为世界第一。精准的传球是他的第二大法宝，他可以用自己宽阔的视野在瞬息万变的球场上找到位置最佳的队友，并且准确地将球传到其脚下，形成对球门的威胁。此外，罗纳尔迪尼奥亦是一位任意球专家，至今已经通过任意球直接破门不下60个。

	国籍	出生年月	效力球队	荣誉
大罗	巴西	1976.9	巴西国家队 巴塞罗那队 国际米兰队 皇家马德里队 AC米兰队	世界足球先生 （1996、1997、2002） 金球奖 （1997、2002） 金靴奖（2002）
小罗	巴西	1980.3	巴西国家队 巴塞罗那队 米内罗竞技	世界足球先生 （2004、2005）
C罗	葡萄牙	1985.2	葡萄牙国家队 曼联队 皇家马德里队	世界足球先生（2008、2016、2017） 金球奖（2008、2013、2014、2016、2017） 金靴奖（2008、2011、2014、2015）

他的球风还带给人们另一种印象——那就是快乐足球。他曾说过："在这个世界上，没有事情能比足球更快乐。"

罗纳尔迪尼奥随巴西队获得了2002年世界杯冠军。他在巴塞罗那效力期间达到了个人职业生涯的巅峰，2004年和2005年连续被评为世界足球先生；2005年当选欧洲足球先生。他在2013年以33岁高龄击败巴西超新星内马尔夺得南美洲足球先生，这也使他成为首个先后获得欧洲足球先生和南美洲足球先生的球员。

葡萄牙球星克里斯蒂亚诺·罗纳尔多，因为他姓名开头字母是"C"，所以球迷们简称他为"C罗"。C罗与阿根廷球员梅西是当今世界足坛最受追捧的两大巨星，目前效力于西甲劲旅皇家马德里队，同时也是葡萄牙国家队队长。

克里斯蒂亚诺·罗纳尔多（葡萄牙）

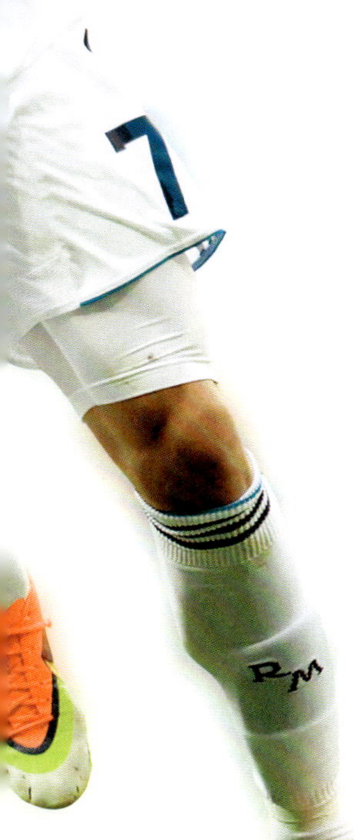

C罗年少成名，18岁时就已加盟英超曼联队，此后为曼联队效力6个赛季，为球队赢得多项冠军，并在2007—2008年赛季，被评为欧洲足球先生和世界足球先生。

2009年，C罗以创纪录的9600万欧元加盟皇家马德里队。加盟皇马后C罗表现出色，以场均1.02球的进球率成为皇家马德里队历史上进球率最高的球员。2011年及2012年，C罗两度获得国际足联金球奖第二名；2013年，C罗力压梅西和里贝里，继2008年后，第二度获得球坛改制后的个人最高荣誉——国际足联金球奖。2014年，C罗力压梅西和诺伊尔，第三度获得国际足联金球奖。此后，他又于2016年、2017年连续两次获得这项荣誉。

090 国家队和国奥队有什么不一样吗？

足球比赛中，我们通常说的国家队就是指一个国家（或地区）的代表队，代表了这个国家（或地区）的最高足球水平。球员有这个国家的国籍，不分年龄，只要被国家队主教练选中都可以进入国家队。根据国际足联的规定，一名球员代表一个国家队出场之后，就不能再代表另一个国家队出场了，因此即便球员拥有双重国籍，也只能选择效力于其中一个国家。

国奥队的全称是国家奥林匹克足球队，它是指国家选派参加奥运会的代表队。原则上国奥队球员在参加奥运会时的年龄不得超过23周岁，但每支队伍可以有3名超龄球员（对于超龄球员的规定只是适用于奥运会足球比赛的决赛阶段，在各地区预选赛中参赛球员全部要求是奥运会适龄球员），所以也不能简单地将国奥队定性为23周岁以下的国家队。比如，在2008年北京奥运会上，由梅西领衔的阿根廷国奥队中，就有里克尔梅、帕雷哈和马斯切拉诺3名超龄球员，最终，阿根廷队在决赛中击败尼日利亚队，获得了奥运会足球比赛的金牌。

那么，既然国家队代表这个国家足球的最高水平，为什么不由国家队出征奥运会呢？

首先，因为世界各个国家的足球水平参差不齐，欧洲和南美洲由于起步较早，职业化程度很高，代表了当今世界足球的最高水平。如以国家队出征，奥运冠军争夺战就会基本固定在少数几支球队之间。这对足球运动的发展是不利的。设置参赛球员年龄限制，可以使参赛球队水平更加接近，给更多国家尤其是亚非国家以展示的机会，从而增加奥运足球比赛的悬念和观赏性。例如1996年亚特兰大奥运会和2000年悉尼奥运会的足球比赛中，来自非洲的尼日利亚队和喀麦隆队就夺得了金牌。

其次，奥运会是规模最大、最受欢迎的综合性体育赛事，而世界杯足球赛是全球最受瞩目的单项体育赛事。这两项赛事均为4年一届，如果奥运会足球赛各个国家也以最强阵容出战，势必会影响世界杯原有的权

巴西著名球星罗纳尔迪尼奥以巴西国奥队超龄球员的身份，参加了2008年北京奥运会的足球比赛。但在半决赛中巴西国奥队负于老对手阿根廷国奥队，未能进入决赛

威地位和受关注程度，国际足联原有的丰厚利益就会受到影响。

综合以上原因，国际足联与国际奥委会达成协议，对奥运会参赛球员设置了23岁的年龄限制。

TIPS　中国队两次进入奥运会足球赛决赛圈

中国国奥队在2C08年北京奥运会以东道主身份晋级决赛圈，在此之前，仅在1988年首尔奥运会上进军过决赛圈。1987年10月26日，主场失利、背水一战的中国队在客场东京凭借柳海光和唐尧东的两个进球，2：0完胜日本队，历史性地“冲出亚洲”，获得了奥运会决赛阶段的入场券。

虽然早在1936年，中国队就参加了柏林奥运会的足球比赛，但当时的赛制并无预选赛和决赛之分。所以，严格说来，1987年第一次晋级奥运会决赛圈，才是真正意义上的进军奥运。

091 为什么英国有4支代表队参加世界杯角逐？

1966年，英格兰人作为现代足球运动的鼻祖，在一场激动人心并且充满争议的决赛中击败联邦德国队，在本土登上世界足球之巅

由于世界杯足球赛是由国际足联主办的，由国际足联的组成单位——各足球协会代表队参加。因此，如果一个国家有不同的足协，那么每个足协都可以派出自己的代表队参加比赛。只不过大多数国家只有一个足球协会，所以通常的比赛的确是国家队与国家队之间的较量。

英国有4个足球协会，都是国际足联的成员，分别是英格兰、苏格兰、威尔士和北爱尔兰。早在19世纪，上述4个地区就已经成立了各自的

与老大哥英格兰队相比，苏格兰、威尔士、北爱尔兰这3支球队并没有什么显赫的战绩

足协，并于1905年分别加入了国际足联。因此，在国际足联举办的各项赛事中，英国的4个足球协会都有资格派出自己的代表队参加。并且，由于当时英国整体足球水平很高，一旦合成一支球队参赛的话，各地足协在奖金分配、球员上场等问题上也会有一定分歧，分别参赛很好地解决了这一矛盾。

1958年瑞典世界杯是历史上唯一一届凑齐了4支英伦代表队的世界杯，直到现在，还没有哪届世界杯再次同时出现4支英国地区的球队。1966年英国世界杯上，英格兰队终于在主场圆了世界杯冠军梦，创造了英国足球史上最辉煌的一刻。

不过，国际奥委会并不承认英国这4个地区独立的足球管理机构，因此国际奥委会只允许英国派1支代表队参加奥运会足球比赛。

大卫·贝克汉姆（英格兰）

092 大洋洲的澳大利亚怎么拿了亚洲杯冠军？

2015年1月，第16届亚洲杯足球赛在澳大利亚举行，共有16支队伍参加。最终，澳大利亚国家男子足球队通过加时赛以2∶1击败韩国队，第一次获得亚洲杯足球赛冠军。从地理上说，澳大利亚属于大洋洲，应该归属于大洋洲足球协会，为什么它可以加入亚洲足协并且拿到亚洲杯的冠军呢？这其中有一个很漫长的故事。

在大洋洲足球协会的成员国中，除了澳大利亚及新西兰之外，其他都是太平洋的岛国，这些岛国的足球水平大多仅处于业余阶段。因此，对于澳大利亚队来说，只有新西兰是唯一具备实力的大洋洲冠军挑战者。鉴于大洋洲区的整体实力，国际足联仅给予其半个世界杯决赛圈参赛席位，世界杯外围赛的大洋洲区获胜者想要进入决赛圈还有不少障碍，而且这个对手并不是固定的。例如，在1994年美国世界杯预选赛上，澳大利亚队的对手分别是北美区

2015年亚洲杯决赛，经过120分钟的鏖战，占尽天时、地利、人和的澳大利亚队在家门口以2：1击败韩国队，在归入亚洲足球版图10周年后完成了亚洲霸主的夙愿，成功捧起亚洲杯

的亚军加拿大队以及南美洲预选赛第一组的亚军阿根廷队。而在1998年法国世界杯预选赛上，他们的对手则是亚洲区的伊朗队。2002年韩日世界杯时，国际足联将规定改为大洋洲的第一名与南美洲预选赛的第五名对阵，争夺一个出线名额。此后，尽管澳大利亚队在大洋洲拥有绝对实力，但是和南美洲的第五名球队较量还是有些力不从心，屡次被淘汰。澳大利亚的球迷以及足协都认为，打进世界杯决赛圈的唯一方法就是脱离大洋洲区。于是，在2005年，澳大利亚足协向大洋洲足协及国际足联提出申请，要求脱离大洋洲足协加入亚洲足协。当年3月，亚洲足协一致决定邀请澳大利亚加入。4月，大洋洲足协认可了澳大利亚的要求。2个月后，国际足联允许澳大利亚加入亚洲足协，2006年1月1日起正式成为亚洲足协的第46个成员国，并可以参加于2006年2月举行的亚洲杯外围赛。很快，澳大利亚队就在加入亚洲足协后首次参加了区内赛事，以3：1击败了巴林队，取得首场胜利。并连续三届（2006年、2010年、2014年）闯进世界杯决赛圈。

在加入亚洲足协后，澳大利亚队自然有资格参加亚洲杯的比赛，澳大利亚的足球俱乐部也有资格参加亚冠联赛。

093 为什么职业球员都向往欧洲五大联赛？

对于所有职业球员而言，他们渴望的是一个能够展示个人实力的舞台。但足球这项运动的特殊之处在于，它是团队运动，所以你个人实力再强，没有一个好的团队依然是不可能有大的成长和发挥空间的。所以，好的联赛能为球员提供成长的最大空间。

综观当今职业足球联赛，发展最好、运作最成熟的当属欧洲五大联赛，这些联赛代表了当今欧洲乃至世界足坛顶级的足球水平，也常常引导世界足球发展的方向，因此吸引了世界各地的众多球星。

欧洲足球五大联赛是指英格兰足球超级联赛、西班牙足球甲级联赛、意大利足球甲级联赛、德国足球甲级联赛、法国足球甲级联赛。

英格兰足球超级联赛成立于1992年2月20日，其前身是英格兰甲级联赛。历史上夺冠次数最多的是曼联队。英超的欧冠席位曾由曼联队、阿森纳队、切尔西队、利物浦队4支球队垄断，不过最近数年随着曼城队和托特纳姆热刺队等球队崛起，这一情况有所改变。

西班牙足球甲级联赛成立于1928年，其中皇家马德里队和巴塞罗那队都是当今世界上最著名的豪门球队，他们之间的比赛被称为西班牙“国家德比”。联赛夺冠次数最多的是皇家马德里队，共有33次。其次是巴塞罗

那队，有24次。西甲联赛的球风注重技术与进攻，具有很强的观赏性。

意大利足球甲级联赛成立于1898年，鼎盛时期曾有“小世界杯”之称。尤文图斯队是历史上夺得联赛冠军最多的球队，一共33次，其次为AC米兰队（18次）和国际米兰队（18次）。

德国足球甲级联赛成立于1963年。德甲球风强悍，注重整体配合。其中，拜仁慕尼黑队长期保持德甲领头羊的地位，共获得过25次冠军。当年，中国第一位登陆欧洲五大联赛的球员——杨晨，就是效力于德甲老牌球队——法兰克福队。

原先法国足球甲级联赛的竞争力并不强，但近几年由于以里昂队为代表的一些球队开始崛起，法甲竞争力明显提升，已经吸引了大批优秀球员。法甲也是以非洲为代表的第三世界球员进入顶级联赛的跳板。目前的法甲联赛，巴黎圣日耳曼队、摩纳哥队、里昂队、马赛队和圣埃蒂安队等球队实力较为突出。

五大联赛长期稳定占据欧洲足联排名的前6位（2000年至2011年更是稳稳盘踞5强达12年之久），其收入也远远超过其他联赛。欧洲的5个世界杯冠军恰巧就是五大联赛所在的5个国家。

094 红牌对于被罚队员和整支球队意味着什么？

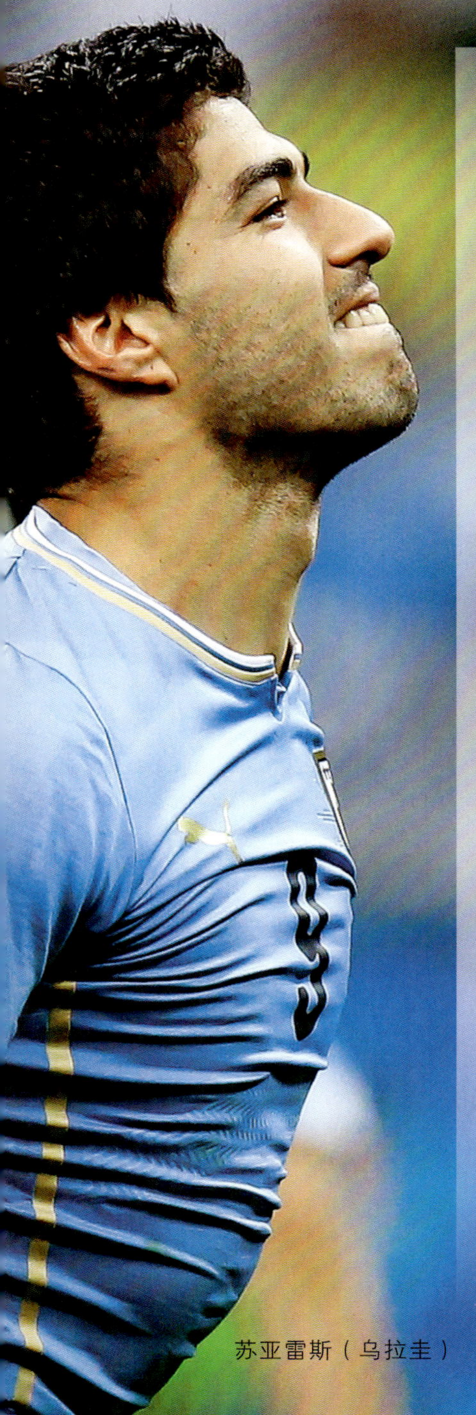
苏亚雷斯（乌拉圭）

在一场足球比赛中，当一名球员在比赛中严重犯规，主裁判会举起红牌命令球员离场。在此情况下，被驱逐的球员将不能继续进行余下的赛事。球队也不能用后备球员补上，需在缺少人员的情况下继续比赛；若有一方被红牌罚到场上只剩6人，还会被判弃权落败。

由此可见，红牌对于球队来说是减员的重大打击。在世界杯上，也有过令人印象深刻的“红牌故事”，很多时候红牌直接影响到了整个比赛的进程。

1982年，22岁的马拉多纳第一次参加世界杯大赛，那时他还没有成为球王。在与老对手巴西队的比赛中，阿根廷队0：3大比分落后。第75分钟，急躁的马拉多纳在一次抢球中直接踢了对方球员的肚子，被红牌罚下。这一红牌让马拉多纳长期被国家队排除在外，险些无缘成就伟大的1986年墨西哥世界杯。

1998年法国世界杯，英格兰队与阿根廷队在淘汰赛相遇。阿根廷队的西蒙尼从身后将英格兰队的贝克汉姆撞倒，趴在地上的小贝极不冷静地回敬了西蒙尼一脚，后者当即倒地，表情痛苦。这一场景被主裁判逮了个正着，直接将贝克汉姆红牌罚下。最后，阿根廷队在点球大战中淘汰了英格兰队，挺进8强。年轻的贝克汉姆因这一鲁莽动作遭致众多英国球迷谩骂，经过很长时间他才勉强修复了自己的形象。

1998年法国世界杯1/8决赛，英格兰队与阿根廷队交锋。贝克汉姆对西蒙尼报复犯规，吃到红牌。这也成为比赛的转折点，最终阿根廷队在点球大战中击败了英格兰队

近几届世界杯中最让人难忘的红牌莫过于齐达内的“铁头功”。2006年德国世界杯决赛，在法国队的凌厉攻势之下，意大利队在加时赛下半场几乎快要崩溃。此时，意大利队后卫马特拉奇对走在前面的齐达内不知说了什么话，齐达内愤怒地转身一头顶在马特拉奇胸口，结果被红牌罚下场。此后，意大利队顶住了少一人作战的法国队的进攻，并在点球大战中胜出。齐达内的这张红牌让法国队与“大力神杯”失之交臂。

红牌一定是坏事吗？苏亚雷斯用“上帝之手”证明，红牌有时也是一件好事。在2010年南非世界杯乌拉圭队与加纳队的1/4决赛中，加纳队在加时赛的最后时刻连续攻门，第一次射门被苏亚雷斯在门前用身体挡出，但当加纳队小将阿迪亚补射空门时，在球门线上的苏亚雷斯用手将球挡出。苏亚雷斯被裁判红牌罚下，加纳队获得点球。不过，加纳队头号球星吉安的射门击中横梁，错失了绝杀机会。在随后的点球大战中，乌拉圭队以4：2胜出，时隔40年之后再次挺进4强。

可以说，是苏亚雷斯用一张红牌拯救了球队。

095 为什么守门员最怕被称为“黄油手”？

“黄油手”，最初源自英文中的说法，是指吃黄油面包的时候，手抹到黄油了。后来球迷和媒体将容易出现低级失误的守门员形象地称为“黄油手”，比喻他们手上抹了黄油，经常手滑抓不住球，让球漏过自己的十指关或者被对方前锋捡漏。

法国传奇门将巴特斯是最早被媒体称为“黄油手”的人，他状态起伏不定，经常在比赛中出现低级失误。在曼联队效力时，巴特斯曾在与阿森纳队的比赛中数次脱手，送给亨利两次助攻，直接导致球队输球。那场比赛之后，有家黄油商找他做广告，于是他有了“黄油手”的称号，这种说法后来也被引用到其他爱脱手的门将身上。

英格兰队被认为是盛产“黄油手”的球队。历届国家队的守门员，包括希曼、詹姆斯、罗宾逊、卡尔森等，都是著名的“黄油手”，他们也彻底败坏了英格兰门将的形象。

2002年韩日世界杯英格兰队与巴西队的比赛中，小罗在距离球门30米开外获得了一次任意球的机会，看到当时英格兰队门将希曼判断出现失误，站位过于靠前，小罗直接将球吊向大门。希曼

2010年世界杯，在与美国队的比赛中，罗伯特·格林面对邓普西一脚毫无威胁的射门，居然自己把球搂进了网窝，从此他便失去了英格兰队主力门将的位置

猝不及防，只能眼睁睁地看着皮球落入网窝，英格兰队也因此被巴西队淘汰出局。最后一次参加世界杯的希曼只能以这样屈辱的方式离开世界杯舞台。

2008年欧洲杯预选赛上，英格兰队在克罗地亚队先拔头筹后不久，后防大将加里·内维尔和门将罗宾逊合演了一出精彩的乌龙球大戏。内维尔一次看似简单的回传，球在门前就要到罗宾逊脚下的时候突然由于草皮不平整弹跳了一下。正是因为这一跳，罗宾逊一脚踢空，皮球从他的身边滚入大门。回到主场，英格兰队的门将虽然换成了卡尔森，但送礼的传统却得到了延续。比赛开场8分钟，尼科·克拉尼察跑动中35米外突然右脚攻门，皮球在门前弹地后打到扑球手型出现严重失误的卡尔森的上臂弹进球网。最终英格兰队以2：3再次败给克罗地亚队，无缘欧洲杯决赛圈。

2010年南非世界杯英格兰队与美国队一役中，代表英格兰队出场的主力门将罗伯特·格林“一球成名”，将一个业余选手都可以轻松没收的射门扑球脱手，使得美国队幸运地扳平了比分。

096 为什么说一个优秀的门将能抵得上半支球队？

守门员作为一支球队防线上的最后一人，在防守中的作用不言而喻，等球到了门将眼前，对于本队来说往往是最危急的时刻，门将发挥得好坏完全可以左右一支队伍的胜负。

在足球运动历史上，不乏伟大的守门员以一己之力帮助球队成就伟业的例子。例如在1992年欧洲杯的比赛中，以替补名额参赛的丹麦队凭借门将舒梅切尔的神奇发挥，在半决赛与荷兰队的点球大战中胜出，最终在决赛中击败强大的德国队，获得了冠军，成就了著名的“丹麦童话”。苏联队著名门将列夫·雅辛在为国家队效力期间共扑出了150个点球，多次拯救本队于水火之中，他出色的扑救技术更帮助球队拿到过奥运会和欧洲杯的冠军，如今世界杯决赛阶段的最佳门将奖就是以他的名字来命名的。

由于守门员在场上的位置特殊，能比其他球员更好地看清场上形势，及时发现本队在中后场所存在的问题，更好地贯彻教练的战术打法，因此，许多门将还担任着队长一

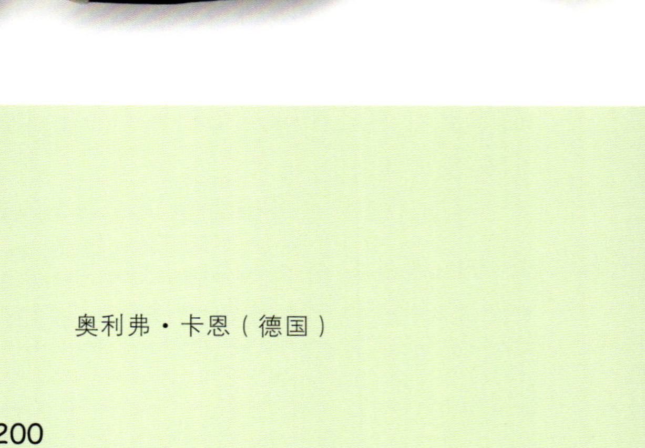

奥利弗·卡恩（德国）

布冯（意大利）

卡西利亚斯（西班牙）

职，负责球队的临场指挥。并且，作为一队之长，若是能扑出对手的单刀球或必进之球，更能大大地鼓舞本队的士气。意大利队的布冯、西班牙队的卡西利亚斯、德国队的卡恩等，都是著名门将担当国家队队长重任的典范。他们除了在场上左扑右挡力保球门不失，更是球队的精神支柱。

此外，好的门将不仅可以是一名扑点球的高手，还可以是一名罚点球高手。要知道，点球就是射手和门将一对一的较量，而身为门将，如果作为射手的话，对对方门将的心理可谓了如指掌，很容易利用技术上的优势“将心比心”欺骗对方，轻松罚入点球。比如效力于德国拜仁慕尼黑队的守门员诺伊尔，在2012年欧冠联赛决赛的点球大战中第三个出场，面对同样属于世界一流水平的门将切赫，冷静地将球打入死角，为球队占得先机。

TIPS “黑蜘蛛”雅辛

1994年，国际足联首次设立世界杯最佳守门员奖，用于表彰每届世界杯上发挥最出色的门将。这个奖项的名称被称作“雅辛奖”，借此向一代传奇门神雅辛致敬。从1958年到1970年，雅辛多次参加世界杯，很多人认为他是历史上最出色的门将，由于在比赛中他喜欢穿黑色运动服，所以雅辛得到了“黑蜘蛛”的绰号。

097 为什么有的球队主场和客场表现相差很大?

在各国联赛双循环赛制中，两支球队一个赛季会相遇两次，分别为主客场。有的球队在自己的主场战绩惊人，几乎可以保持不败，而到了客场则经常非平即负。为什么会出现这样的情况呢?

原来，坐镇主场的球队往往会占有多个方面的优势，简单地说，就是“天时、地利、人和”。所谓“天时”，是指主场球队无需长途奔波，在自己家门口以逸待劳，不仅在体力上有保证，更免去了长途舟车劳顿之苦，并且训练时间能比客队长得多，对场地和气候环境的适应程度更好。“地利”的优势也非常明显，因为各地的足球场尺寸并不统一，这些不同规格的场地对一支球队的打法会有很大影响。例如某支球队擅长采用短传渗透和快速进攻的战术，如果碰到较大尺寸的球场，虽然场地长度的增加会提升速度优势，但宽度的增加则会导致球员的间距变大，增加短传被破坏的可能性，使对手可以轻易运用防守反击的战

皇家马德里队球迷在主场一起打出标语，庆祝C罗获得2013年度世界足球先生

术，并且还会因为球员间过大的距离产生中前场或中后场脱节的问题。而“人和”有两个方面：一方面是主场球迷的氛围优势，要知道，一般的足球场都可以容纳几万名球迷，这些球迷为主队呐喊助威，所造出的声势可以令球员斗志昂扬，而客队球员则不得不忍受被几万人嘲笑或喝倒彩，这在心理上会有巨大的落差。另一方面就是裁判的因素了，裁判在一支球队的主场或多或少地会在规则范围内偏向主队，有时候甚至会迫于球迷的压力做出一些误判。

所以，一支球队在主场往往可以打得顺风顺水，而到了客场就会不受待见，自然成绩也会有所下降。

098 为什么开赛前球员会和小球童一起出场?

2014年巴西世界杯决赛，两队球员与小球童手拉手，步入绿茵场

在足球比赛开始前球员入场的时候，一般都会手牵手拉着一个小孩子，这些孩子有一个专业的称呼，叫作“球童”。球童并不是球员的亲属，而是从普普通通志愿者中选拔出来的少年儿童。

之所以国际足联会有这样的规定，原因有两个。首先，这些球童象征着天真无邪与纯洁美好，和球员一起上场就是要提醒他们“公平竞赛”——这也是国际足联官方的口号。唯有在公平、纯粹的环境下踢球，才能展现足球的魅力。其次，少年儿童是足球的未来与希望，职业

TIPS 球星档案

韦恩·鲁尼，英格兰国家队主力前锋，英超豪门曼联队的绝对主力。场上位置司职前锋，也可以胜任影子前锋、边锋以及前腰，鲁尼被认为是同时代最出色的英格兰球员。10岁时鲁尼加入埃弗顿少年队，16岁时被主教练莫耶斯选入一线。在17岁生日前5天，鲁尼上演了英超处子秀，并攻破阿森纳队大门，从此一举成名。2004年夏天，鲁尼以2700万英镑的身价由埃弗顿队转会至曼联队，效力至今。鲁尼17岁便入选英格兰队，参加过2004年、2012年两届欧洲杯以及2006年、2010年、2014年三届世界杯。

球员带领球童上场就是要让他们提前感受足球比赛的氛围，也激励着现场和电视机前的小观众们，希望他们更加喜爱足球并投身于这一运动中。

在2014年巴西世界杯上，就有超过70个国家的1408名少年儿童被选为进场球童，能和参加世界杯决赛圈的队伍一起踏上绿茵场。对于那些没有入围世界杯决赛圈的国家的球童来说，亲历世界杯无疑是一件令人振奋的事情，也真正激发了他们内心深处对足球的热爱之情。事实上，一些著名的球星就有过当球童的经历，按照他们的说法，“能和伟大的足球运动员一起进场这简直太神奇了！”例如，英格兰队球星鲁尼小时候就曾在他的家乡主队埃弗顿队当过球童，这也促使他立志成为一名出色的足球运动员。

韦恩·鲁尼（英格兰）

099 最远距离的破门得分有多远？

2006年5月，在波兰队与哥伦比亚队为备战世界杯而举行的友谊赛中，惊现了令人咋舌的一幕——哥伦比亚队门将马丁内斯直接开门球洞穿波兰队大门。这场比赛下半场的第18分钟，马丁内斯在本方禁区内大脚开球，皮球径直飞向波兰队球门，经过一次弹地之后越过了漫不经心的波兰队门将库什恰克的头顶，直接飞入了波兰队的球门。库什恰克对这一失球目瞪口呆，不得不接受看台上的嘘声与嘲笑，而球场另一端同样感到无比意外的马丁内斯正接受着队友的拥抱庆祝。

按照国际足联的规定，标准的足球场长度在100米至110米之间，所以，根据马丁内斯所处的位置，他打进的这个球跨度将近100米。很快，国际足联就把此进球判定为足球A级比赛中的最远破门纪录。

而世界杯历史上最远距离的破门发生在2010年南非世界杯小组赛，西班牙队对智利队的比赛中。当时，智利队门将解围失误，西班牙球星比利亚迎球45米开外直接吊射空门入网。这记超级吊射也就被记入了世界杯史册。此前这个纪录的保持者是荷兰球员阿里·汉——就是后来出任了中国国家队主教练的阿里·汉。他在1978年阿根廷世界杯荷兰队对阵意大利队的比赛中，依靠一记快速发出的任意球，在距离球门40米的位置突然起右脚远射，皮球越过了佐夫的十指关，击中大门左侧立柱入网。

比利亚45米开外直接吊射入网

内马尔（巴西）

100 正式比赛中的最快进球纪录有多快？

最快进球纪录到底有多快？答案是2秒！

2012年，在塞尔维亚的一场青年队比赛中，博莱特队的武克·巴基奇在开场哨吹响后，中圈大脚开球直接破门。球的整个运行过程只用了2秒，这也刷新了世界足坛的最快进球纪录。此前的纪录是3.53秒，由巴西国脚弗雷德创造。2005年10月，巴西圣保罗青年杯赛米内罗美洲队和维拉诺瓦队的比赛中，开赛仅3.53秒，代表米内罗美洲队出赛的弗雷德中场一记远射便攻门得手。

世界杯历史上的最快进球发生在2002年韩日世界杯的季军争夺战上。土耳其队前锋哈坎·苏克开场仅11秒就利用韩国队后卫洪明浦的防守失误，门前17米处左脚推射得分，创造了世界杯历史上的最快进球纪录。在这场比赛中，土耳其队最终以3∶2击败韩国队夺得季军。

哈坎·苏克（土耳其）

图片版权

封面/A.RICARDO, P4/AGIF,P4/AGIF, P4/AGIF, P5/Wagner Carmo, P7/AGIF, P7/AGIF, P8/AGIF, P8/mooinblack, P13/AGIF, P13/efecreatamediagroup, P13/karnizz, P15/CelsoPupo, P15/kojoku, P18/Jefferson Bernardes, P19/AGIF, P26/AGIF, P30/AGIF, P34/mooinblack, P34/photofriday, P41/katatonia82, P42/marilynbarbone, P42/Marzolino P44/Chumphon, P45/Francesco Carucci, P46/Albo, P47/Maxisport, P50/Natursports, P54/z0w, P57/Paolo Bona, P59/Mitch Gunn, P59/AGIF, P60/Jefferson Bernardes, P61/Natursports, P62/AGIF, P62/Jefferson Bernardes, P67/mooinblack, P68/Jefferson Bernardes, P69/AGIF, P69/AGIF, P72/AGIF, P74/AGIF, P76/AGIF, P77/catwalker, P80/AGIF, P81/Jefferson Bernardes, P83/Paolo Bona, P83/Natursports, P90/mooinblack, P91/AGIF, P94/Chumphon, P95/Maxisport, P95/Maxisport, P97/Marcos Mesa Sam Wordley, P99/AGIF, P99/CelsoPupo, P100/Chumphon, P101/Maxisport, P102/photofriday, P104/AGIF, P105/AGIF, P110/AGIF, P111/smileimage9, P111/mooinblack, P115//AGIF, P116/AGIF, P117/mooinblack, P118/Maxisport, P118/Eoghan McNally, P119/AGIF, P119/Laszlo Szirtesi, P119/Maxisport, P120/Maxisport, P121/AGIF, P122/AGIF, P123/Paolo Bona, P123/Matt Trommer, P124/smileimage9, P126/mgilert, P128/Wagner Carmo, P130/Photo Works, P134/Matt Trommer, P135/Jamie Roach, P141/AGIF, P142/mooinblack, P143/Rnoid, P144/AGIF, P145/AGIF, P146/Chumphon, P147/Chumphon, P148/Chumphon, P149/Maxisport, P150/katatonia82, P151/Maxisport, P153/Maxisport, P155/Maxisport, P155/Maxisport, P155/AGIF, P155/Vlad1988, P157/CelsoPupo, P157/Paolo Bona, P157/Paolo Bona, P157/Paolo Bona, P158/AGIF, P166/Jefferson Bernardes, P167/Jefferson Bernardes, P171/AGIF, P171/AGIF, P171/Jefferson Bernardes, P172/AGIF, P173/CelsoPupo, P174/katatonia82, P183/Mitch Gunn, P186/almonfoto, P188/Maxisport, P191/mooinblack, P191/Maxisport, P193/Maxisport, P194/Marcos Mesa Sam Wordley, P197/fstockfoto, P199/IvicaDrusany, P199/Laszlo Szirtesi, P199/Kostas Koutsaftikis, P199/fstockfoto, P200/FlashStudio, P202/maudanros, P202/Paolo Bona, P204/AGIF, P209/YiANKourt, P209/Maxisport, P209/artnana, P210/Marcos Mesa Sam Wordley, P211/mooinblack, P212/Jefferson Bernardes, P213/AGIF, P214/Jefferson Bernardes: ©shutterstock.com

封面/imago sportfotodienst, P10/Ben Cawthra/REX, P20/Oliver Berg, P21/Gouhier Hahn Nebinger, P22, P23/imago sportfotodienst, P25/Carlo Fumagalli, P26, P27, P27, P29/imago sportfotodienst, P30/Markus Ulmer, P36/FLASH PRESS, P37/FLASH PRESS, P38/申奥, P39, P51/imago sportfotodienst, P55/Mark Leech, P56, P61/dpa, P61/RICK BOWMER, P63, P64/RICK BOWMER, P73, P76/Murad Sezer, P79, P79, P80/DietherEndlicher, P84/Seskimphoto, P85/Press Eye LtdREXShutterstock, P87/imago sportfotodienst, P92/Matt WestBPIREXShutterstock, P93/亚东, P105/系统摄影师, P106/Werek, P107/Oliver Multhaup, P129/Frank Leonhardt, P131/Kyodo, P132/Daniel Ochoa de Olza, P138/Carlo Fumagalli, P139/FLASH PRESS, P140/Matthias Schrader, P143, P161, P163/JEAN MARIE HERVIO, P164/FLASH PRESS, P164, P165, P170/sportfotodienst, P170/Werek, P170/AchimScheidemann, P173, P173/Stewart Fraser, P175, P178, P178/CARLO FUMAGALLI, P179/Werek, P180, P181/Andrew Cowie, P181, P184, P185, P186/imago sportfotodienst, P187/PA, P190/Walter Bieri, P191/申奥, P191/roger parker, P192/FLASH PRESS, P198, P200/MediaServicesAP, P201/Steve Christo, P205, P207/Michael Sohn, P214/Claudio Cruz, P216/FLASH PRESS: ©东方IC

P11, P14, P24, P30, P40, P40, P43, P48, P49, P51, P51, P52, P53, P58, P59, P66, P68, P69, P69, P70, P71, P72, P82, P88, P90, P90, P91, P96, P97, P98, P100, P103, P103, P105, P108, P109, P112, P114, P115, P115, P120, P127, P136, P137, P145, P145, P147, P151, P152, P153, P154, P156, P159, P162, P168, P176, P182, P195, P206, P208, P211: ©quanjing.com

编撰人员：龚力魄　张　磊　崔东东
张裕文　文　嘉　跃　文

责任编辑：王嘉文　张　磊
责任校对：朱晓波
责任印制：汪立峰

图书在版编目（CIP）数据

奔跑吧！足球 ：足球知识100个应知道 / “足球百问”编委会编著. -- 2版. -- 杭州 ：浙江摄影出版社，2018.6
ISBN 978-7-5514-2158-4

Ⅰ. ①奔… Ⅱ. ①足… Ⅲ. ①足球运动－问题解答 Ⅳ. ①G843-44

中国版本图书馆CIP数据核字（2018）第076439号

BENPAOBA! ZUQIU
奔跑吧！足球
ZUQIU ZHISHI 100GE YING ZHIDAO
足球知识100个应知道
（第2版）

“足球百问”编委会 编著

全国百佳图书出版单位
浙江摄影出版社出版发行
地址：杭州市体育场路347号
邮编：310006
电话：0571-85159646
网址：www.photo.zjcb.com
经销：全国新华书店
制版：杭州真凯文化艺术有限公司
印刷：浙江兴发印务有限公司
开本：710mm × 1000mm　1/16
印张：13.5
2018年6月第2版　2018年6月第3次印刷
ISBN 978-7-5514-2158-4
定价：39.80元